Steglitz

Christian Simon

STEGLITZ

Zwischen Idylle und Metropole

*Ich danke meinem Vater Karl-Heinz Simon († 1997)
für die kritische Durchsicht der ersten Auflage.*

Bibliografische Information der Deutschen Nationalbibliothek
Die Deutsche Nationalbibliothek verzeichnet diese Publikation in der Deutschen Nationalbibliografie; detaillierte bibliografische Daten sind im Internet über http://dnb.d-nb.de abrufbar.

Bei Fragen zur Produktsicherheit wenden Sie sich bitte an herstellung@bebraverlag.de.

4. Auflage

Asternplatz 3, 12203 Berlin
post@bebraverlag.de
Umschlag: Ansichtssache, Berlin
Satz: typegerecht, Berlin
Schrift: Documenta 10/13 pt
Gedruckt in der EU
ISBN 978-3-8148-0246-6

www.bebraverlag.de

INHALT

Lichterfelde 1904, Blockhaus im Gesellschaftspark

VORWORT

»Ein Ort wie Steglitz gehört sicher zu den eigentümlichsten Erzeugnissen der Großberliner Entwicklung ... und ist auch dem Fremden viel zu wenig bekannt. Nirgends ist soviel von der provinzialen Selbständigkeit des 19. Jahrhunderts ... gewahrt geblieben«, beschrieb vor gut 100 Jahren Hans O. Modrow in »Berlin 1900« seinen Eindruck von Steglitz. Und etwas davon ist auch heute noch zu spüren.

Relativ spät war die kurfürstliche, dann königliche Residenz in das Blickfeld der Steglitzer geraten. Und umgekehrt war es genauso. Wenn man dazumal Richtung Süden aus Berlin hinausfuhr, benutzte man den Weg über Tempelhof. Erst durch den Bau der Straße nach Potsdam nahmen die Preußenkönige von dem malerischen Ort Notiz, den es zu diesem Zeitpunkt bereits ein paar Jahrhunderte gab. Den wirklichen Durchbruch brachte dann die Eisenbahn: Plötzlich entdeckten die Berliner Ausflügler nämlich, dass es neben Wilmersdorf, Schöneberg und Köpenick auch noch andere Stellen gab, an denen es sich wohlsein ließ. Verschlafene Dörfer wurden mit einem Mal zu bevorzugten Villenkolonien. Der Enge der Stadt entfliehen, Natur erleben, sich gar hier ansiedeln war für viele bald kein Traum mehr, sondern privilegierte Realität.

Lichterfelde, Giesensdorf, Lankwitz, Steglitz – richtig ins Bewusstsein kamen diese Orte erst um 1900, als man in wenigen Minuten mit der Eisenbahn im Grünen war. Und selbst der Erbauer des Anhalter Bahnhofs und zahlloser Viadukte gönnte sich seinen Lebensabend in Groß-Lichterfelde, das damals noch relativ klein, aber voller Levkojenduft war.

Damit sind wir schon bei den berühmten Einwohnern von Steglitz. Von A wie Manfred von Ardenne (Physiker und Mediziner) bis Z wie Fritz Zahn (Gartenbauinspektor) reicht die Reihe der Künstler, Wissenschaftler, Politiker, die hier lebten und arbeiteten, genauer: die in Lichterfelde beziehungsweise Lankwitz lebten und arbeiteten. Zwar wurde der Verwaltungsbezirk Steglitz schon 1920 aus den Landgemeinden Groß-Lichterfelde, Lankwitz, Steglitz und der früher zu Mariendorf gehörenden Landhauskolonie Südende gebildet, aber noch heute, rund 90 Jahre später, fühlen sich die Menschen in erster Linie als Südender oder Lichterfelder. Dennoch pulsiert in ihnen durchaus ein Berlin-Gefühl, auch wenn es erst an zweiter Stelle kommt. Daran hat auch der bei der Bezirksreform 2001 erfolgte Zusammenschluss von Steglitz und Zehlendorf zu einem Verwaltungsbezirk nichts geändert.

Eine Besonderheit von Steglitz ist die Vielzahl der Baustile auf engstem Raum. Während im Zentrum von Steglitz noch Mietskasernenarchitektur vorherrscht, finden wir wenige Meter entfernt prächtige Landhäuser und Villen auf dem Fichtenberg, daneben große Siedlungsbauten aus den 1920er und 1930er Jahren sowie Satellitenstädte mit Hochhäusern bis zu 23 Stockwerken aus der Nachkriegszeit. Von bäuerlichen Anwesen sind nur noch kümmerliche Reste vorhanden, obwohl diese Wohnform die Gegend einst geprägt hat.

Das Buch will Steglitz, aber auch Lichterfelde, Giesensdorf, Lankwitz und Südende im Wandel der Geschichte zeigen, wobei der Fokus vor allem auf dem 19. und 20. Jahrhundert liegt. Von technischen Erfindungen wird die Rede sein und vom eifrigen Bauen, vom Glanz der Schloßstraße und von berühmten Schulen. Und davon, was Steglitz für Berlin geworden ist.

Die Auflagen von 1997 und 2012 sind vergriffen und ich danke dem be.bra verlag dafür, sich zu einer geringfügig überarbeiteten Neuauflage entschlossen zu haben.

Obwohl das Buch chronologisch vorgeht, lassen sich Sprünge in der Zeit nicht vermeiden, da manche Entwicklungen parallel verliefen oder thematische Zusammenhänge dies erfordern. Um für den Leser die Orientierung bei Ortsangaben zu erleichtern, werden die heutigen Straßennamen verwendet.

Für die Bilder habe ich besonders Wolfgang Holtz und dem Arbeitskreis Historisches Lankwitz sowie dem Heimatverein Steglitz zu danken.

Christian Simon

VORGESCHICHTE

Wie alles anfing

Die ersten »Steglitzer« ließen sich vor etwa 8.000 Jahren zwischen Fichtenberg und Bäke nieder. Spuren menschlicher Ansiedlungen entdeckte man Ende der 1950er Jahre in Lankwitz: Auf dem Gelände des ehemaligen Schlosses an der Dorfaue wurden Reste einer Steinzeitsiedlung aus der Zeit um 2000 v. Chr. gefunden. Weitere Siedlungsplätze jener Epoche lagen am Oberlauf der Bäke.

Die wohl bekannteste jungbronzezeitliche Siedlung grub man in den Jahren 1958 bis 1960 am Teltowkanal in Höhe des Klinikums Benjamin Franklin aus, wobei die Grundrisse von mindestens fünf Häusern nachgewiesen wurden, deren Grundfläche zwischen drei mal vier und fünf mal sieben Metern schwankte. Die Zahl der Einwohner dürfte etwa bei 35 bis 55 gelegen haben. Die Siedlung bestand wahrscheinlich drei Jahrzehnte zwischen 1135 und 1025 v. Chr. und wurde dann aufgegeben – wohl, weil die Brunnen versiegt, die Ackerböden ausgelaugt oder die hölzernen Hütten verfallen waren.

Hatten die ersten »Steglitzer« ihre Toten noch in Steinkammern bestattet, so ging man in der Bronze- und Eisenzeit dazu über, sie zu verbrennen und die Asche in Urnen beizusetzen, die hauptsächlich im ehemaligen Bäketal gefunden wurden – die ersten bereits 1728 am Teltower See (heute Teltowkanal in Höhe der Siedlung Seehof). Später stieß man auch in Lichterfelde immer wieder auf Urnen. Bei den Ausgrabungen zwischen Wismarer Straße und Goerzallee 1997 fand man 128 Urnengräber (5.–2. Jahrhundert v. Chr.) und bronzezeitliche Siedlungsreste (800–600 v. Chr.).

Ungefähr seit dem sechsten Jahrhundert v. Chr. ließen sich germanische Stämme im Berliner Raum nieder. Während der Völkerwanderung besiedelten im sechsten Jahrhundert n. Chr. die Slawen die Mark von Osten her und verschmolzen allmählich mit den verbliebenen Germanen. 1919 wurden in der Carstennstraße 7 mehrere römische Silbermünzen und Denare gefunden. Bei weiteren Grabungen stieß man auf die Reste eines Hauses etwa aus der Zeit um Christi Geburt.

Vermutlich gab es also schon zu jener Zeit Handelsbeziehungen mit den Römern.

Im Jahre 1157 besetzte Albrecht der Bär die Mark Brandenburg. Seine Ururenkel Johann I. und Otto III. erwarben um 1230 auch das Steglitzer Gebiet. Kurz darauf kam die erste deutsche Siedlerwelle aus dem Westen und dem Süden Deutschlands, aus Holland und Flandern, dem Harz und der Altmark. Die neuen Siedler rodeten den Wald, bauten Häuser und kultivierten Äcker. Neue Straßen- oder Angerdörfer wurden angelegt, aber auch bestehende slawische Siedlungen erweitert. Bereits 1239 wird Lankwitz (Lanckowitz) in einer Urkunde der Markgrafen als Schenkung an das Nonnenkloster der Benediktinerinnen in Spandau (heute Spandau-Arcaden) erstmals urkundlich erwähnt. Man vermutet, dass die Siedlung in Hufeisenform bereits von den Slawen gegründet und erst später zum Angerdorf umgestaltet wurde.

Genau 60 Jahre später taucht Giesensdorf aus dem »Dunkel der Geschichte« auf. Auch hier könnte eine slawische Gründung vorliegen, worauf der Flurname »Wenddorf« hindeutet. In einer Urkunde von 1299 wird »Ghiselbrechtstorp« neben anderen Orten vom Markgrafen an den Bischof von Brandenburg als Pfand gegeben, während die benachbarten Orte Lichterfelde und Steglitz erstmals 1375 im Landbuch Kaiser Karls IV. auftauchen.

Erst seit dem 13. und 14. Jahrhundert existieren Dokumente, die uns etwas über das Leben in den alten Dörfern erzählen. Gab es anfangs nur sporadische Aufzeichnungen der Dorfgeistlichen, so war seit 1573 die Führung von Kirchenbüchern vorgesehen. Offenbar hatte man es damit in Steglitz nicht allzu eilig, denn erst ab 1602 wurde ein Sterbebuch geführt, ab 1605 ein Taufbuch, ab 1694 ein Traubuch und ab 1701 ein Buch über Kirchenrechnungen. Die meisten Kirchen- und Rechnungsbücher sind verloren gegangen. So wurde das Giesensdorfer Kirchenbuch 1642 von Soldaten geraubt, die das Papier zum Laden ihrer Gewehre brauchten.

Der älteste namentlich bekannte Steglitzer ist genau genommen ein Lankwitzer: der Pfarrer Arnoldus Weygerus. Den Dörfern des Teltows ging es im 12. und 13. Jahrhundert alles andere als gut. Aus dem Landbuch Kaiser Karls IV. von 1375 erfahren wir, dass die Äcker von Steglitz schlecht und überwiegend sandig waren.

Am 18. April 1539 beschlossen die Besitzer von Dahlem und Steglitz – die Familie von Spiel – ab dem 1. November zum protestantischen

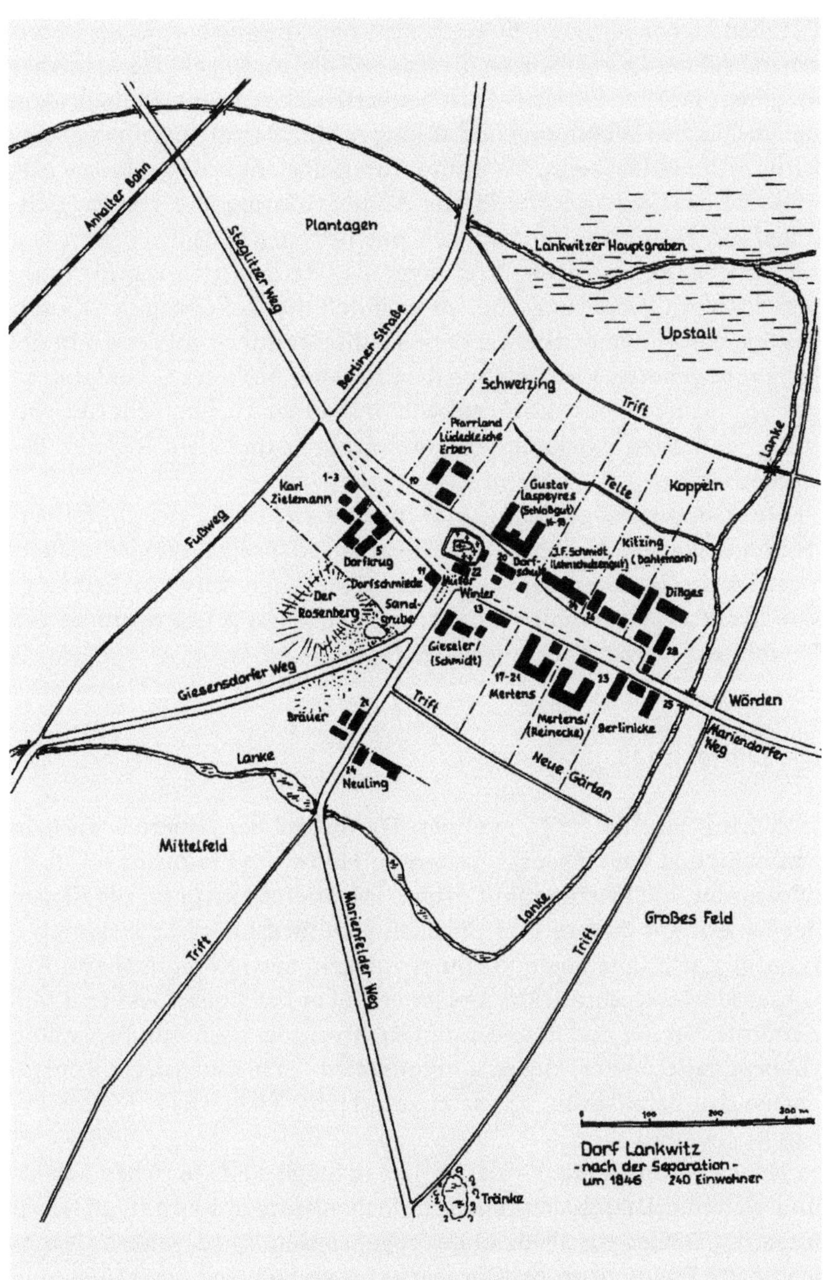

Das Dorf Lankwitz um 1846, nach einer Zeichnung von Paul Hiller

Glauben zu konvertieren. Somit hatten auch die gutsherrlichen Untertanen und der Dorfgeistliche diesem Beispiel zu folgen. Der damalige Steglitzer Priester Cyriacus Lufft weigerte sich jedoch standhaft, dem neuen Glauben beizutreten und so ging er kurz darauf, im Jahr 1540, ins katholische Hildesheim. Da es in Lichterfelde ähnliche Probleme gab, mussten der Giesensdorfer Pfarrer Andreas Gering und dessen Nachfolger die Nachbardörfer kirchlich mit betreuen. Steglitz bekam erst 1893 wieder einen eigenen Seelsorger. Die Reformation war für Lankwitz insofern bedeutungsvoll, als es durch die Auflösung der Klöster das Spandauer Nonnenkloster der Benediktinerinnen, zu dessen Besitz Lankwitz gehörte, nicht mehr gab. 300 Jahre nach der Schenkung an das Spandauer Kloster kam Lankwitz nun unter kurfürstliche Verwaltung – mit allen Pflichten der Dorfbewohner und allen Rechten des Landesherren.

Der Dreißigjährige Krieg (1618–1648) hatte für die vier Dörfer verheerende Folgen. Als er 1648 mit dem Westfälischen Frieden endete, waren weite Teile der Mark verwüstet, Bauernhöfe verwaist. Erst langsam kam das Leben in den Dörfern wieder in Gang. Gut dürfte es den Bewohnern dennoch nicht gegangen sein.

Die Dörfer im 18. Jahrhundert

1703 hatte Steglitz 89 Einwohner. Die Felder der Bauern – auch in Lankwitz und Giesensdorf – waren im Herbst und Frühjahr oft überschwemmt, die Erträge somit mager. Friedrich II. hatte für die Klagen der Bauern ein offenes Ohr und ließ – immerhin auf Staatskosten – 1777 für 1.487 Taler einen Vorfluter anlegen, den »Königsgraben«. Auf Giesensdorfer/Lichterfelder Gebiet verlief er zwischen Kies- und Mariendorfer Straße und floss dann in Richtung der nach ihm benannten Grabenstraße weiter. Heute unterquert der 1921 kanalisierte Königsgraben den Bahndamm, um dann zum Hafen Lichterfelde (Teltowkanal) zu fließen.

Neben Pestepidemien – 1611 starben in Steglitz elf Menschen daran – und weiteren Drangsalierungen im Siebenjährigen Krieg (1756–1763) litten die Dörfer vor allem in der sogenannten Franzosenzeit. Napoleon hatte Preußen am 14. Oktober 1806 vernichtend geschlagen und zog 13 Tage später in Berlin ein. Die Truppen wurden in den umliegen-

Eingemauerte Kanonenkugel im Giesensdorfer Pfarrhaus am Ostpreußendamm 64

den Dörfern zwangsweise einquartiert. In Giesensdorf hatte jeder Wirt 14 Mann, in Lichterfelde 15 Mann unterzubringen. Außerdem mussten die Bauern die Soldaten täglich mit eineinhalb Pfund Brot und einem Pfund Fleisch versorgen. Hinzu kamen Gemüse, Bier und Branntwein.

Die Franzosen zogen zwar im November 1808 ab, machten aber 1812 als durchziehende Truppe auf dem Weg nach Russland wieder in den Dörfern Station. Nach der Niederlage bedrängten die zurückflutenden französischen Soldaten die Dörfer erneut, dicht gefolgt von den sie verfolgenden Russen.

Am 23. August 1813 schließlich besiegten die Preußen die Franzosen bei Großbeeren. An die dortige Schlacht erinnert noch heute eine Kanonenkugel, die der Giesensdorfer Pfarrer Mulzer von der siegreichen Schlacht gegen Napoleon bei Großbeeren 1813 nach Giesensdorf bringen und in die Fassade des Pfarrhauses einmauern ließ. Noch heute ist sie – wenn auch übermalt – links vom Eingang zu erkennen.

Um 1800 zählte Steglitz 137 Bewohner und lag abseits der großen Verkehrswege. Zwar gab es bereits 1646 einen »Postkurs«, der auch über Schöneberg, Steglitz und Zehlendorf führte und 1724 die Postlinie zwischen Berlin und Leipzig bildete. Aber die mittelalterlichen Handelsstraßen aus dem Südwesten führten entweder über Jüterbog–Großbeeren–Heinersdorf–Marienfelde–Tempelhof oder über Treuenbrietzen–Beelitz–Saarmund–Stahnsdorf–Teltow–Giesensdorf–Lankwitz–Tempelhof nach Berlin und damit an Steglitz vorbei. Gerade die zuletzt genannte Straße war sehr alt. Sie wurde schon 1269 das erste Mal urkundlich erwähnt. Ihre Zollstationen gehörten zu den ertragreichsten der Mark. Wenn man sich dann noch vergegenwärtigt, dass zu jener Zeit Straßenzwang bestand, es also untersagt war, Nebenwege zu benutzen, wird deutlich, dass Steglitz tatsächlich »out« war.

Das änderte sich, als Potsdam im 17. Jahrhundert Residenzstadt und zu Beginn des 18. Jahrhunderts Garnisonsstadt wurde. Der König, der Hof, Beamte und Kuriere mussten mit der Straße durch Schöneberg, Steglitz und Zehlendorf vorlieb nehmen, die wir heute als Bundesstraße 1 kennen. Deren Zustand war miserabel; die Wege von Wagenrädern ausgefahren, staubig im Sommer und morastig im Herbst. Eine staatliche Straßenbaubehörde gab es nicht, ganz im Gegenteil: Friedrich der Große hielt die preußischen Straßen bewusst in schlechtem Zustand, weil er sie im Kriegsfall für ein gutes Verteidigungsmittel hielt. Erst seine Nachfolger planten ein Netz von befestigten Chausseen.

Über die alte Straße selbst gibt es keine Schilderungen. Ein Reisender allerdings beschrieb Ende des 18. Jahrhunderts, was man auf einer Fahrt zwischen Steglitz und Zehlendorf zu sehen bekam: »Die Aussicht in das leere Brachfeld auf beiden Seiten ist nicht angenehm, und man erblickt nichts weiter als eine Herde Kühe und Schafe.«

Bereits im Herbst 1789 legte man eine »Probechaussee« zwischen Berlin und Schöneberg an. Mit Feldsteinen gepflasterte Wege dürfte es zu dieser Zeit hier und dort zwar schon gegeben haben, doch die Pflasterung einer so langen Strecke, die ingenieurmäßige Planung mit einer Unterfütterung von Kies – das war neu. Allein zwischen Zehlendorf und Steglitz mussten 11.600 Fuhren Kies angefahren werden, und da Steglitz die Fuhren kostenlos leistete, war die Benutzung der neuen Straße für alle Steglitzer gebührenfrei. Alle anderen hatten eine »Maut« zu zahlen. Abkassiert wurde an vier »Maut-Stellen«: in Schöneberg, in Steglitz (Hermann-Ehlers-Platz), in Zehlendorf und an der Glienicker Brücke.

Fertiggestellt wurde die Chaussee dann zwischen 1793 und 1795. Die zunächst gepflanzten Pappeln ersetzte man 1860 durch Eichen, die

Dampfzug Richtung Innenstadt 1925. Im Vordergrund die Schadenrute, im Hintergrund das 1905 errichtete Eckgebäude Albrechtstraße 7/Berlinickestraße mit Kuppel

dem Lichterfelder Teil der Straße ab 1911 ihren Namen gaben: »Unter den Eichen«. Das Bankhaus Itzig & Co. hatte den Chausseebau mit Krediten finanziert. Ob das der Grund war, weshalb es später bankrott ging?

Steglitz lag zwar jetzt an einer der wichtigsten Fernstraßen Preußens, für das Dorf selbst aber änderte sich nicht viel. Es lag, wie vorher, etwas »abseits«. Erst ab 1780 gab es hier eine Schmiede, die sich auf dem heutigen Hermann-Ehlers-Platz befand. Neben dem Dorfgasthof konnten die Reisenden seit etwa 1830 auch den sogenannten »Albrechtshof« nutzen, der allerdings erst nach seinem Umbau 1864 durch Carl Albrecht zu seinem Namen kam. Er stand auf dem Gelände des heutigen Steglitzer Kreisels, wo auch die nach ihm benannte Albrechtstraße abzweigt. So brachte der neue »Highway« dem Dörfchen zwar viel Verkehr, aber vom großen Aufschwung war wenig zu spüren. Der kam – dann allerdings nachhaltig – mit der neuen Eisenbahn, dem »Intercity« Berlin–Potsdam.

Als 1835 die erste deutsche Eisenbahnlinie zwischen Nürnberg und Fürth eröffnet wurde, war die erste preußische Bahnlinie Berlin–Potsdam bereits geplant. Die Strecke hatte – zwangsläufig – die gleiche Richtung wie die Chaussee. Die kürzeste Entfernung wäre eine Trasse westlich der Chaussee gewesen, dort aber war die Bebauung zu weit fortgeschritten. Das östliche Terrain bot dafür mehr Platz, und so begannen hier die Arbeiten am 10. August 1837, allerdings teilweise auf Land, das der Bahn noch gar nicht gehörte. So datiert der Vertrag zum Landverkauf zwischen dem Steglitzer Bauern Gottfried Schröder und der Bahngesellschaft vom 25. Juni 1840.

Beiderseits des Bahndammes musste ein Geländestreifen von einer Rute freigehalten werden, um Brandschäden durch Funkenflug zu vermeiden. Dieser Streifen westlich der Bahn erhielt später den Straßennamen »Schadenrute«. Sie verschwand beim Bau der Westtangente.

Im September 1838 wurde der Streckenabschnitt Potsdam–Zehlendorf in Betrieb genommen, am 29. Oktober 1838 schließlich die Reststrecke nach Berlin. Parallel zum Gleiskörper verlief eine von Siemens errichtete Telegrafenlinie. Um möglichst vielen Fahrgästen das neue Verkehrsmittel schmackhaft zu machen, richtete die Bahngesellschaft 1840 am »Albrechtshof« ein kleines Theater ein. Es fasste – je nachdem, ob man im Garten oder im Gastraum spielte – 200 bis 450 Personen, führte Lust- und Singspiele, Einakter und Possen auf. Offensichtlich war der Kauf von Bahn- und Theaterkarten miteinander kombiniert. Nach unterschiedlichen Angaben wurde dieses Theater 1842 oder 1855 wieder geschlossen. Auch die Steglitzer Haltestelle der Bahn machte bald dicht und wurde erst 1864 wieder eröffnet.

AUS DÖRFERN WERDEN VORORTE

Das Dorf Steglitz im 19. Jahrhundert

Im Jahre 1801 hatte der »Geheime Cabinets-Rath« Carl Friedrich Beyme das Rittergut Steglitz – bestehend aus dem alten, herrschaftlichen Wohnhaus, den Wirtschaftsgebäuden, Garten und Gutspark (etwa zwischen Wrangel- und Grenzburgstraße) sowie dem Fichtenberg – von Freiherr Ernst Jacob von Eckardstein gekauft. Mit 69 Metern ist der Fichtenberg die höchste natürliche Erhebung von Steglitz. Da er hauptsächlich mit Kiefern bestanden ist, müsste er eigentlich Kiefernberg heißen. Aber botanisch nahmen es die alten Steglitzer nicht so genau, zumal die Fichten eh zur Familie der Kieferngewächse gehören.

Am 17. April 1804 wurde der Grundstein für das neue Steglitzer Schloss gelegt. Es entstand rechtwinklig zum alten Herrenhaus nach den Plänen von David Gilly und Heinrich Gentz und wurde 1808 fertiggestellt. Durch mehrfache An- und Umbauten verändert, gilt es heute als bedeutendes Bauwerk des preußischen Klassizismus um 1800. Das alte Herrenhaus mit seinen Wirtschaftsgebäuden wurde abgerissen, der Rokoko-Garten in einen Englischen Garten umgestaltet.

Beymes Verdienst bestand unter anderem darin, dass er am 2. April 1806 die Erbuntertänigkeit der vier Bauern und drei Kossäten (Kleinbauern) aufhob. Gleichzeitig veranlasste er eine Flurbereinigung, die eine effektivere Ausnutzung der Felder ermöglichte. Die Bauern erhielten das Land, etwa 150 Morgen, zu gleichen Teilen und konnten es verpachten, vererben und verkaufen, auch wenn weiterhin Abgaben zu leisten waren. Diese Erlaubnis zum Verpachten und Verkaufen von Grund und Boden war die Voraussetzung für die Erschließung von Bauland.

Die Heesesche Seidenfabrikation

Doch vor der Bebauung mit Wohnhäusern meldete sich die Industrie in der Person von Johann Adolph Heese, eine der markantesten Unternehmerpersönlichkeiten von Steglitz. Er hatte als gelernter Samt-

Johann Adolph Heese

und Seidenwirker 1827 in Berlin eine Firma für die Herstellung und den Verkauf von Seidenwaren eröffnet. Nun suchte er ein geeignetes Grundstück, auf dem er eine Maulbeerbaumplantage anlegen konnte, denn nur die Blätter dieser Bäume akzeptierten die Seidenraupen als Futter.

1839 fand Heese in Steglitz, was er suchte: Im Juli pachtete er das Grundstück Schloßstraße 39/Grunewaldstraße (heute gläserner Pavillon) und legte 1840 seine erste Maulbeerbaumplantage an. Im selben Jahr kaufte er in der Nähe 74 Morgen »Sandboden der geringsten Klasse«. Was Bauer Jürgens als Weideland genutzt hatte, ließ Heese bis 1845 mit 35.000 Maulbeerbäumen bepflanzen. Schon 1842/43 hatte er 28 Morgen dazu gekauft, ein Areal, das heute von der Heese-, Berg-, Filanda- und Südendstraße umschlossen wird. Einzig die von der Albrechtstraße in Richtung Norden abzweigende Plantagenstraße als Zufahrt zum Gelände erinnert noch an Heeses Pflanzungen.

Doch der Mann hatte Größeres vor. 1853 ließ er inmitten seiner Plantage ein kombiniertes Wohn- und Fabrikgebäude errichten, in dem auch von Heese selbst konstruierte Maschinen arbeiteten. Zwi-

Die Seidenspinnerei von Steglitz

schen 1851 und 1861 produzierte er etwa 8.000 Pfund Rohseide, die, in Steglitz aufgearbeitet, zu Heeses Seidenweberei nach Berlin gelangte. Nach 1861 konstruierte er ein besonderes Raupenhaus. Heeses Unternehmen war Mitte der 1850er Jahre zum bedeutendsten Seidenbau-Zentrum Deutschlands geworden und das kleine Dorf Steglitz plötzlich ein Begriff. Jährlich standen bei Heese 30 bis 40 Personen in Lohn und Brot.

Johann Adolph Heese starb am 25. März 1862 und wurde auf dem Steglitzer Dorffriedhof beigesetzt. Sein Grabstein ist 1929 umgesetzt worden, wodurch die genaue Lage des Grabes heute unbekannt ist. Die Haspelanstalt in Steglitz war bis 1889 in Betrieb, musste dann aber – als letzte in Preußen – aufgegeben werden. Der Grund war eine Raupenkrankheit, durch die die gesamte Zucht einging. Die Maulbeerbäume wurden abgeholzt. Heute ist als letztes Relikt dieser Plantage nur noch ein etwa 160 Jahre altes Exemplar auf dem Althoffplatz vorhanden, das seit 1961 ein Naturdenkmal ist. Aus dem Plantagengelände wurden zunächst Kleingärten, im Frühjahr 1905 entstanden dann erste Straßen und Wohnhäuser.

Kolonie Steglitz

Nachdem der Steglitzer Schlossherr Beyme 1838 gestorben war, verkaufte seine Tochter 1841 alle Güter für 220.000 Reichstaler an den Domänenfiskus, der das 940 Morgen große Gut 1848 parzellierte. In staatlichem Besitz blieben nur das Gutshaus und – wenigstens vorläufig – der Fichtenberg.

Auf dem parzellierten Gelände östlich der Potsdamer Bahnlinie war ab 1847 die Kolonie Steglitz entstanden, die sogar einen eigenen Ortsvorsteher hatte. Der Versuch, sich 1849 mit dem Dorf zusammenzuschließen, scheiterte jedoch im ersten Anlauf. Die Einwohnerschaft, zumeist Handwerker, Gewerbetreibende und Beamte, hatte sich ein- bis zweigeschossige Häuschen gebaut, deren Obergeschoss häufig vermietet wurde. Um 1865 zählte die Kolonie etwa 30 Häuser, die hauptsächlich entlang der Albrecht- und der Schützenstraße standen.

Die Wegeverhältnisse in der Kolonie dürften auch noch Jahre nach ihrer Gründung nicht die besten gewesen sein. So erhielt die Albrechtstraße in Höhe der Heesestraße im Herbst 1869 eine Lehmschüttung, nachdem sich hier mehrere Pferde die Beine gebrochen hatten. Die Schützenstraße erhielt erst 1873 eine Pflasterung. Gebäude aus der Zeit der Gründung der Kolonie bestehen nicht mehr. Das Wohnhaus in der Schützenstraße 47 von 1858 wurde Ende 1982 abgerissen. Zu den noch erhaltenen Häusern zählen: Leydenallee 47, 79, 95 (1872–75) Schützenstraße 19 (1873), Heesestraße 3 (1875, seit 6. Februar 1989 unter Denkmalschutz).

Am 28. März 1870 vereinigten sich Dorf und Kolonie dann doch. Sprunghaft stieg jetzt die Nachfrage nach Baugrund, und so verkauften die Bauern nach und nach ihre Felder. Vielfach waren es Handwerker, die sich in Steglitz Grundstücke kauften, dort Häuser bauten oder in gemieteten Räumen ihre Geschäfte eröffneten. Die Einwohner, deren Zahl ständig zunahm, waren ja die potentiellen Kunden. Immerhin zählte Steglitz Anfang der 1880er Jahre bereits über 7.000 Einwohner, die in 396 Häusern wohnten. Darunter befanden sich immer mehr Mietshäuser mit drei bis vier, teilweise sogar fünf Stockwerken. Auch die kleinen Kolonistenhäuser in der Albrechtstraße wichen um 1900 mehrgeschossigen Mietshäusern. Das Spektrum reicht von der Albrechtstraße 16 (1892) bis Nr. 27 (1914). Einzelne Landhäuschen wie z. B. Albrechtstraße 32 von 1884 blieben bis zu ihrer Zerstörung im

Eines der ältesten Häuser, Leydenallee 79, Baujahr 1872

Zweiten Weltkrieg erhalten und standen dann eingepfercht zwischen den hohen Brandmauern der Nachbarschaft.

Um die Be- und Entwässerung für immer mehr Einwohner zu regeln, erwarb die Aktiengesellschaft der Charlottenburger Wasserwerke 1885 auf dem Fichtenberg das Grundstück Schmidt-Ott-Straße 13 und ließ dort einen Wasserturm errichten, der am 1. Oktober 1886 fertiggestellt wurde. Er wird heute von den Meteorologen der Freien Universität genutzt.

Die Villen- und Landhauskolonien

Seit etwa 1860 entstanden um Berlin zahlreiche Landhaus- und Villenkolonien, vornehmlich zwischen Berlin und Potsdam. Voraussetzungen dafür war der Anschluss an eine Bahnstrecke, da die neuen Siedler in der Regel weiter ihrer Arbeit in Berlin nachgingen.

Auf Steglitzer Gebiet wurden die ersten Villenkolonien 1865 in Lichterfelde und Giesensdorf gegründet. Nur wenig später kam die

Landhauskolonie Südende (1872) hinzu, und auch Lankwitz erlebte ab 1869 einen ersten Bauboom. Während es sich hier um private Gründungen handelte, entstand die Steglitzer Villenkolonie auf dem Fichtenberg 1870/71 mit staatlicher Beteiligung, da das Gelände der königlichen Verwaltung der Krongüter gehörte.

Villenkolonie Lichterfelde

Der Pionier der Villenkolonien war Johann Anton Wilhelm Carstenn. Am 24. November 1865 kaufte er die Güter Lichterfelde und Giesensdorf für 345.000 Taler vom verschuldeten Grafen Karl von Königsdorf. Das Gelände hatte eine Größe von 5.500 Morgen und entsprach damit ungefähr der damaligen Größe der Berliner Innenstadt. Die beiden Güter, die seit dem Ende des 18. Jahrhunderts 18-mal verkauft und viermal versteigert worden waren, hatten somit eine durchschnittliche Besitzdauer von nur dreieinhalb Jahren. Dieser Umstand lässt darauf schließen, dass die Vorbesitzer lediglich am spekulativen Gewinn interessiert waren, während Carstenn längerfristige Ziele verfolgte. Das lässt sich unter anderem auch daran ablesen, dass er 1870 das Rittergut Wilmersdorf mit Friedenau kaufte. Später erwarb er noch weitere Areale am Halensee, im Bereich des heutigen Hansa-Viertels und in Charlottenburg. Wie kaum ein anderer nutzte er das »Gründerzeitfieber« zum eigenen und fremden Wohl.

Carstenn wurde am 12. Dezember 1822 als Sohn eines Gutspächters auf dem holsteinischen Gut Tralau bei Bad Oldesloe geboren. Durch die überlegte Bewirtschaftung des väterlichen Hofes und dem An- und Verkauf von Gütern kam er bald zu Reichtum. Studienreisen führten ihn nach London, wo er sich vor allem mit Fragen der Stadtplanung auseinandersetzte. Sein erstes großes Projekt war 1854 die Anlage der Villenkolonie Marienthal östlich von Hamburg (heute Hamburg-Wandsbeck). Die gewonnenen Erfahrungen und das dabei erwirtschaftete Kapital (2,5 Millionen Mark) gedachte Carstenn im Berliner Raum gewinnbringend anzulegen. Die stetig wachsende Großstadt war bereits dabei, an ihre Grenzen zu geraten: ungesunde Wohnverhältnisse und die Anfänge des Mietskasernenbaus waren die Folgen. Carstenn dagegen schwebte eine Stadt im Grünen vor, mit Häusern, die für den Mittelstand bezahlbar sein sollten. Dieser relativ wohlhabende Mittelstand ließ sich auch bald in Lichterfelde nieder – indes blieben die Ar-

Johann Anton Wilhelm von Carstenn

beiter in der Innenstadt. So trug Carstenn letztlich dazu bei, dass aus der sozialen Trennung auch eine räumliche wurde.

1866 begann die Arbeit. Die Felder waren noch nicht einmal abgeerntet, da wurden schon die Drake- und die Karwendelstraße angelegt. Bei letzterer musste der Mühlenberg abgetragen werden, auf dem bisher die Lichterfelder Mühle gestanden hatte. Arbeitskräfte aus Polen schütteten Chausseen auf; Wege und Anlagen wurden bepflanzt. Im östlichen Ortsteil entstanden zunächst die Königsberger und die Bahnhofstraße. Entlang dieser und weiterer neu angelegter Straßen erfolgte der Zuschnitt der Grundstücke.

Um 1870 vervollständigte J. Otzen im Auftrag von Carstenn das Straßennetz. Dabei entstanden Platzanlagen wie der quadratische Marienplatz im Osten sowie der runde Augustaplatz im Westen. An ihnen und den alten Landstraßen orientierte sich das Straßennetz. Eine typische Platzanlage für Carstennsche Gründungen ist der Oberhofer Platz. Kennzeichnend für das Platzoval ist dessen Betonung durch weiter außen liegende Ringstraßen, wobei radiale Straßen im Winkel von 45 Grad auf den Platz zulaufen. Solche Grundrisse findet man auch beim Friedrich-Wilhelm- und Bundesplatz wieder. Die abseits der Dorfauen entstandenen Landhäuser und Villen hatten allerdings kaum großbürgerlichen Charakter. Es waren eher zwei- oder dreietagige Stadtwohnungen. Hinzu kamen Reihenhäuser, zum Beispiel im Bassermannweg in Lichterfelde Ost, die nach englischem Vorbild errichtet wurden.

Überhaupt war dieser Bereich, also der östliche Ortsteil, der zuerst bebaute Teil (zwischen Bäketal und Anhalter Bahn). Das lag sicher auch an der 1868 eröffneten Bahnstation am Kranoldplatz, denn viele Lichterfelder arbeiteten in Berlin. Carstenn musste die Anlage der Bahnstation gegen große Widerstände durchsetzen, den Bahnhof auf eigenem Land errichten und selbst finanzieren.

Die erste Parzelle wurde 1868 verkauft, die erste Villa entstand in der Karwendelstraße (Villa Drake), und einer der ersten Bewohner der jungen Villenkolonie war der Kunsthistoriker und Schriftsteller Herman Grimm (der Sohn von Wilhelm Grimm), der sich im selben Jahr in der Drakestraße 80 ein Haus bauen ließ, das er – allerdings nur im Sommer – bewohnte (heute steht dort die Traugott-Weise-Schule; bis 1984 Theodor-Heller-Schule).

Doch Carstenn brauchte Publicity, über seine Villenkolonie sollte geredet werden. 1866 baute er deshalb an der Lichterfelder Dorfaue (Hindenburgdamm 111) ein großes Restaurant, das Kaufinteressenten und neuen Bewohnern etwas Besonderes bieten sollte. Dieses Restaurant war alles andere als eine gewöhnliche Dorfgastwirtschaft. Nur Herrschaften der höheren Gesellschaft durften – und konnten – hier verkehren. Dem Betrieb, der Adolf Collmann gehörte, war auch ein Hotel angeschlossen. Das sogenannte »Pavillon« hatte überregional bald einen guten Ruf, und so fuhren denn am Sonntag Hunderte von Kutschen zum Pavillon nach Lichterfelde, wo die »Militärmusik« spielte.

1870 hatte Carstenn knapp die Hälfte der Parzellen verkauft. Doch gebaut wurde anfangs relativ wenig. Zu einem Großteil lag das am Gründerkrach von 1873, dessen Nachwirkungen noch lange zu spüren waren. Während der Krise gingen viele Unternehmen durch die hohen Hypothekenschulden bankrott. Mangels Kapitals musste man vielerorts die Bautätigkeit einstellen. Von den wirtschaftlichen Schwierigkeiten waren auch die Baugesellschaften betroffen. Die Aktien der »Land- und Baugesellschaft auf Actien« fielen 1873 von 155 auf 25 Mark.

Die Aktien des »Lichterfelder Bauvereins« mussten einen Verlust von 120 auf 14 Mark hinnehmen.

Zu den ältesten noch bekannten Häusern gehören das Zweifamilienhaus in der Heinersdorfer Straße 42, die Villen in der Königsberger Straße 29 und der Bahnhofstraße 38 B sowie am Ostpreußendamm 47, alles Beispiele für die Bebauung der Jahre 1871 bis 1873. Diese frühen Lichterfelder Villen waren eher schlicht, ohne Stuck oder Türmchen. Mit der Zunahme wohlhabender Einwohner änderte sich das. Die Vielfalt der Baustile erklärt sich daraus, dass viele Baufirmen den Bauherren Stilkataloge vorlegten, wonach jene einen bestimmten Baustil auswählten. Auch für Lichterfelde mag in gewisser Weise zutreffen, was damals für den Berliner »Maurermeisterstil« typisch werden sollte: »Meester, der Rohbau is fertich – wat soll'n nun for'n Stil ran?«

Um die Entwicklung seiner Villenkolonie zu forcieren, verkaufte Carstenn Gelände an Baugesellschaften und schenkte sogar dem Militär das Gelände südlich der Finckensteinallee für den Bau der Hauptkadettenanstalt, die in den Jahren 1873 bis 1878 errichtet wurde (seit 1995 Bundesarchiv). Er erhoffte sich davon den Zuzug insbesondere von Offiziersfamilien. Andererseits hatte Carstenn hohe Auflagen zu erfüllen: Auf eigene Kosten musste er eine Verkehrsanbindung zum Bahnhof Lichterfelde Ost schaffen, Wasser- und Gasleitungen legen, Telegrafenverbindungen herstellen sowie Straßen pflastern und anderes mehr.

Da nutzte es Carstenn finanziell wenig, dass er anlässlich der Grundsteinlegung der Hauptkadettenanstalt 1873 vom Kaiser geadelt wurde. Wegen seiner Verpflichtungen kam es immer wieder zu Differenzen, derentwegen Carstenn zwischen 1887 und 1891 sogar mehrfach vor Gericht stand. Die Last der finanziellen Verpflichtungen war schließlich so groß geworden, dass er Grundstücke teilweise unter Wert verkaufen musste. Das mag der Grund gewesen sein, weswegen Carstenn sich zwischen 1877 und 1879 aus dem Geschäft zurückzog. Zwar bekam er ab 1887 eine jährliche Rente von 43.000 Mark sowie eine einmalige Zahlung von 180.000 Mark, doch die staatlichen Auflagen der preußischen Bürokratie, vor allem aber die wirtschaftliche Rezession nach den Gründerjahren, trieben Carstenn schließlich fast in den Ruin. Aus dem Millionenvermögen blieben ihm zum Schluss nur noch 200.000 Mark – bei einem Unternehmer wie Carstenn waren das in der Tat nur »peanuts«.

Krank und verbittert verbrachte Carstenn den Rest seines Lebens im Maison de Santé, einer Schöneberger Nervenheilanstalt, deren Gebäude in der Hauptstraße 14–15 heute noch steht. Dort starb er am 19. Dezember 1896. Sein Sarg wurde in der Lichterfelder Dorfkirche aufgebahrt. Am 23. Dezember fand unter großer Anteilnahme der Bevölkerung und der örtlichen Honoratioren die Beisetzung statt. Sein Grab befindet sich auf dem kleinen Friedhof an der Lichterfelder Dorfkirche. Nachfahren der Familie von Carstenn-Lichterfelde leben heute u. a. in Roquefort, Madrid und Berlin. Der Enkel Carl Maria Wilhelm Felix von Carstenn-Lichterfelde starb am 1. August 1986 in Frankfurt am Main.

Die Meinungen über ihn sind gespalten. Während ihn die einen als »gewinnsüchtigen Spekulanten« abtun, würdigen ihn die anderen als »Schöpfer der Villenkolonie Lichterfelde«. Er war sicher beides. Hätte er nur seinen finanziellen Vorteil gesucht, wäre er sicherlich in der Innenstadt mit dem schnellen Hochziehen von Mietskasernen leichter reich geworden. Sein Anliegen bestand aber auch darin, gesunde Wohnverhältnisse zu schaffen. So erließ er z. B. eine Bauordnung, die das Ansiedeln von Industriebetrieben in Lichterfelde untersagte. Ein Teil der Ringstraße wurde am 27. April 1899 nach ihm benannt. Ein 1914 vorgeschlagenes Projekt, Carstenn ebenso wie Lilienthal ein Denkmal zu setzen, ist nie verwirklicht worden. Erst in den 1880er Jahren nahm die Bebauung in Lichterfelde Ost nach Überwindung der wirtschaftlichen Krise deutlich zu. Viele der damals errichteten Gebäude stehen allerdings heute nicht mehr.

In dem 1885/86 erbauten Haus Jungfernstieg 19 wohnte vom 2. Januar 1928 bis 1945 der Physiker und Mediziner Manfred von Ardenne († 1997). Der Kaufvertrag musste seinerzeit vom Vater unterzeichnet werden (der in Südende wohnte), weil Ardenne – geboren 1907 – zu dieser Zeit noch minderjährig war. Den Kaufpreis hatte er sich durch seine zahlreichen Erfindungen selbst verdient, da er schon als 16-Jähriger sein erstes Patent angemeldet hatte. Obwohl Ardenne sich später weigerte, der NSDAP beizutreten und zudem einen verfolgten Wissenschaftler beschäftigte, wurde er sogar in den Reichsforschungsrat berufen. Nach Kriegsende brachte die sowjetische Besatzungsmacht den Forscher samt Labor in den Kaukasus. Seit 1955 lebte er in der Nähe von Dresden. Das Land Berlin hat die Villa 1951 gekauft; seit 1983 steht sie unter Denkmalschutz. Heute befindet sich hier ein Kinder- und Jugendzentrum.

1883/84 entstand die Terrain-Gesellschaft Groß-Lichterfelde. Sie trug maßgeblich zum Aufschwung von Lichterfelde West bei. Doch noch 1890 ist das Gebiet westlich des Straßenzuges Goerzallee/Hindenburgdamm – abgesehen von der Hauptkadettenanstalt – so gut wie unbebaut. Um die Gegend etwas attraktiver zu machen, wurde 1890 auf einem Grundstück der Terrain-Gesellschaft an der Finckensteinallee/Ecke Carstennstraße ein sogenannter Gesellschaftspark eröffnet. Auf verschlungenen Wegen konnte man spazieren gehen oder die Tennisplätze nutzen. Und zwei Blockhütten und ein Brunnen gehörten auch zum gutbürgerlichen Ambiente. Bereits 1905 wurde der 13 Morgen große Park an einen Berliner Bankier verkauft, der ihn parzellierte. Den geforderten Gesamtpreis von 150.000 Mark konnte die Gemeinde nicht aufbringen.

In den folgenden Jahren holte der westliche Teil Lichterfeldes gegenüber dem östlichen kräftig auf. Beispiele für Bauten aus der Zeit zwischen 1889 und 1897 sind die Häuser Dürerstraße 29 (1889), Kadettenweg 64 (1891–92), Augustastraße 10 (1893), Potsdamer Straße 44 (1895), Drakestraße 51 (1895) oder Ringstraße 28 (1896–97). Das zuletzt genannte Haus wurde von Emil Schwerdtfeger errichtet und steht seit 1988 unter Denkmalschutz. Zur gleichen Zeit entstanden auch die Häuser Marthastraße 2 (1895) und 7 (1897) sowie 1893 das Wohnhaus von Gustav Lilienthal (1849–1933) in der Marthastraße 5 mit seinem burgähnlichen Baustil. Die Zinnen auf dem Dach verbergen geschickt die Abzugsschächte für die Warmluftheizung. Der Weg zum Haus führt über eine steinerne Brücke mit Kettengeländer und holzgeschnitzten Pfeilern. Die Brücke überspannt einen Graben, der die Helligkeit der Untergeschosse verbessern sollte. Wer den Flur betritt, erblickt als Erstes einen ausgestopften Albatros an der Decke, eine Vogelart, an der die Lilienthal-Brüder das Fliegen studierten. An den Wänden hängen Berechnungen über den Luftwiderstand, Luftkraftmessungen und weitere Fotos. Bewahrt hat dies alles Anna-Sabine Halle (geb. 1921), die Enkelin von Gustav Lilienthal. Sie wohnte 2011 noch hochbetagt in dem Haus.

Der jüngere Bruder des Flugpioniers, der Architekt Gustav Lilienthal, baute zwischen 1887 und 1900 insgesamt 32 Häuser, von denen heute noch 22 erhalten sind. Kennzeichnend ist der neugotische Baustil, der seinen Ausdruck vor allem in mit Klinkern eingefassten, häufig spitz zulaufenden Fenstern findet. Am Bahnhof Lichterfelde West ent-

Wohnhaus von Gustav Lilienthal, Marthastraße 5, 1997

standen 1896/97 der West-Bazar sowie das 1894 erbaute Emisch-Haus mit der bemerkenswerten Fassadenmalerei. Bereits kurz nach der Jahrhundertwende war der gesamte Bereich zwischen Goerzallee/Hindenburgdamm und der Straße Unter den Eichen – von einigen Baulücken abgesehen – bebaut.

Die Bewohner von Groß-Lichterfelde identifizierten sich mit ihrem Kiez – und das ist bis in die Gegenwart so geblieben. Der Architekturhistoriker Prof. Julius Posener (1904–1996), der in Lichterfelde wohnte, stellte so etwas wie ein »Lichterfeldertum« fest. Er schrieb 1975: »Ich weiß nicht, ob man es begründen kann, wenn man diese Mischung aus Romantik, Kauzigkeit, Erfindungsgabe, Mut und Fortschrittsglauben lichterfeldisch nennt; als alter Lichterfelder bin ich geneigt, es zu tun.«

Einer der berühmtesten Lichterfelder war der Pfarrerssohn Heinrich Seidel (1842–1906), der sich – ohne Schulabschluss – vom Schlosserlehrling bis zum Ingenieur emporgearbeitet hatte. Ab 1872 konstruierte er für die Berlin-Anhaltische Eisenbahngesellschaft die Überbrückungen der Yorckstraße, des Landwehrkanals, des Tempelhofer- und Halleschen Ufers sowie 1880 das eiserne Hallendach im

Anhalter Bahnhof. Mit einer Spannweite von 62,5 Metern war es 2,5 Meter breiter als die Straße Unter den Linden. Im selben Jahr beendete Seidel seine Ingenieurs-Laufbahn und widmete sich nur noch dem Schreiben. Nachdem 1871 die Erzählung »Der Rosenkönig« erschienen war, stellte sich der große Erfolg mit dem 1882 veröffentlichten Roman »Leberecht Hühnchen« ein, der das Leben eines deutschen Kleinbürgers der Gründerzeit humorvoll nachzeichnete. Der Erfolg motivierte Seidel, die Geschichten um Leberecht Hühnchen 1888, 1890 und 1901 fortzusetzen. Ohne Übertreibung kann man Heinrich Seidel als einen Bestsellerautor des ausgehenden 19. Jahrhunderts bezeichnen. Von den Tantiemen seiner Romanerfolge kaufte er sich 1895 in der Boothstraße 29 ein kleines Landhaus mit einem großen Garten. Hier in seiner »Gartenstadt« Groß-Lichterfelde schrieb er seine Berlinischen Miniaturen. Und besonders schätzte er, dass er »nach einer Eisenbahnfahrt von 18 Minuten« über die von ihm selbst konstruierten Brücken »aus dem Veilchen-, Flieder-, Rosen- und Levkojenduft dieses Gartenidylls mitten in dem brausenden Berlin sein« konnte. Heinrich Seidel hat auf dem Friedhof Lichterfelde an der Moltkestraße ein Ehrengrab. Das Landhaus in der Boothstraße existiert nicht mehr.

Die Aussicht auf ein florierendes Geschäft zog natürlich auch viele Architekten, Immobilienhändler und Baugeschäfte nach Lichterfelde. Eines der zahlreichen Baugeschäfte war das 1872 gegründete Unternehmen von Julius Assmann. Assmann war »Maurer- und Zimmermeister« sowie »Kreistaxator und Taxator der Städte-Feuer-Societät der Provinz Brandenburg«. Neben Bauten für Militär, Eisenbahn und die Gemeinde errichtete Assmann in Lichterfelde zahlreiche Villen und Wohngebäude. In einem alten Bauerngehöft in Giesensdorf (Ostpreußendamm 130/130a) gründete er seine Fabrik. 1877/78 wurde dort eine Tischlerwerkstatt eingerichtet, 1888 folgte ein Werkstattgebäude. Sein Holz bearbeitete er Ende des 19. Jahrhunderts »fortschrittlich« mit einer Schneidedampfmühle. Zwischen 1927 und 1929 erwarb der Bauunternehmer E. Kähne das Grundstück. Die Firma Kähne & Co. war Sägewerk, Kistenfabrik, Holzhandlung und Bautischlerei in einem. Erst 1965 verkauften die Erben das Grundstück. Zu Beginn der 1980er Jahre riss man alle Baulichkeiten auf diesem und den Nachbargrundstücken ab, das Areal wurde mit Wohnungen bebaut.

Während viele Betriebe nicht mehr existieren, gibt es gerade im westlichen Lichterfelde heute noch eine Reihe alteingesessener Ge-

Geschäftsanzeige von Julius Assmann

schäfte. Dazu gehört das Gartenfachgeschäft Braune & Beyer, das Carl Braune 1900 im Haus Gardeschützenweg 135 eröffnete. Obwohl sein Partner Beyer bald aus dem Geschäft austrat, blieb der Name bis heute erhalten, auch dann, als das Geschäft 1918 an Max Rudzki verkauft wurde. 1950 übernahmen Hedwig Hatte und Kurt Schlößner, 1967 Horst Marschner das Geschäft.

Noch älter ist das Fachgeschäft für Eisenwaren, das Alfred Osche 1894 am nördlichen Ende der Baseler Straße (Nr. 9) eröffnete. Gerade um den Bahnhof Lichterfelde West siedelten sich die ersten Lichterfelder an. Hier bekamen die Siedler und Hausfrauen alles, was sie zum Neuanfang brauchten. Der Urenkel des Begründers, Wolfgang Osche, führt das Geschäft in vierter Generation. Zu den ältesten Einrichtungsstücken gehört die Schubladenwand. Mit einer Breite von rund vier Metern und bis zur Decke ragend, ist sie ein vielgeliebtes Relikt vergangener Tage. In zahlreichen Schubladen finden sich dort Gummidichtungen, Schrauben, Wasserhähne, Muttern, Schmierfett und anderes mehr. Ein liebenswerter Hauch von Nostalgie in unserer so perfektionierten Verbraucherwelt.

Das Villenviertel Lankwitz

Der Kaufmann Felix Rosenthal hatte sich die Idee der Carstennschen Villenkolonie in Lichterfelde zum Vorbild genommen und in den Jahren 1869 bis 1872 von den Bauern Zietemann und Mertens ein 240 Morgen großes Gelände westlich der Anhalter Bahn für 180.000 Mark erworben. Genau wie Carstenn erließ er Baubeschränkungen und legte Straßen an. Da sie nicht im Gemeindebesitz waren, wurden sie erst 1893/94 gepflastert, wobei die Anlieger die Kosten zu tragen hatten. Auch die am Dorf Lankwitz vorbeiführende Kaiser-Wilhelm-Straße hatte 1889 »noch keine Bürgersteige, es galt entweder auf dem Ackerrain entlang zu balancieren, oder durch die aufgefahrene Schütte der Chaussee, die eine graue, breiige Masse bildete, zu stapfen«.

Allmählich nahm jedoch das Lankwitzer Villenviertel Gestalt an, was Max Stempel anlässlich der Einweihung des Rathauses am 2. September 1911 zu einem Lied mit dem Titel »Mein Lankwitz« inspirierte. In der ersten Strophe heißt es:

Gärten rings im Villenschmuck, Duft und Vogellieder!
Hei, wie führte flink der Zug mich nach Lankwitz wieder!
Eben noch im Häusermeer, in der Weltstadt Tosen –
Zehn Minuten hinterher bunt umblüht von Rosen.

Für die Lankwitzer war – ähnlich wie bei Lichterfelde – die schnelle Erreichbarkeit der Kolonie eine zwingende Notwendigkeit. Man war ja gewissermaßen mit einem Bein noch »in der Stadt«, mit dem anderen aber bereits »auf dem Lande«. Zu den ältesten, noch heute vorhandenen Gebäuden, gehört das Einfamilienhaus in der Corneliusstraße 2 von 1879 und dessen Anbau aus dem Jahre 1888. Im selben Jahr entstand auch das Einfamilienhaus Mozartstraße 25/27. Beide Gebäude sind Baudenkmale.

Ein Gebäude am Rande des Lankwitzer Villenviertels besticht sowohl durch seine Ausmaße als auch durch seine Ästhetik – die Siemensvilla. Der Direktor einer Akkumulatorenfabrik (heute kurz »Akkus« genannt) Friedrich-Christian Correns kaufte zwischen 1910 und 1913 mehrere beieinanderliegende Grundstücke an der Gärtner-/Calandrellistraße, um sie zusammenzulegen. Der Architekt Fritz Freymüller (1882–1950) entwarf ein Herrenhaus mit Säulen und Kuppeln, dessen

Die Siemensvilla in der Calandrellistraße

Bau 1913/14 begann. Es hatte 33 Zimmer und einen Wintergarten, an den sich Gewächshäuser anschlossen. Gegenüber im Garten stand das Teehaus, das Ende der 1980er Jahre restauriert wurde, nachdem es zunächst vom Abriss bedroht war. Heute umfasst die 1988 unter Denkmalschutz gestellte Gartenanlage mit wertvollem alten Baumbestand nur noch 27.360 Quadratmeter, weil Anfang der 1950er Jahre rund 10.000 Quadratmeter für das Kinderheim »Heiteretei« abgetrennt wurden. Correns Witwe verkaufte Haus und Grundstück 1925 an Werner-Ferdinand von Siemens, der 1928 die Gewächshäuser zugunsten eines Anbaus für den Musiksaal abreißen ließ. Wegen seiner Akustik ist der Musiksaal, in dem auch Schallplatten produziert wurden, berühmt.

Als Siemens starb, verkaufte die Familie das Anwesen 1940/41 an das Deutsche Reich. In das Haus zog 1941 das Ibero-Amerikanische Institut, das seit 1977 in der neuen Staatsbibliothek untergebracht ist. Von 1978 bis zum Umzug nach Leipzig 2010 beherbergte die Siemensvilla das Musikarchiv der Deutschen Bibliothek. 1970 als eine Außenstelle der Deutschen Bibliothek in Frankfurt gegründet, sammelt das Archiv alle in Deutschland, der ehemaligen DDR, der Schweiz und Österreich hergestellten Noten, Schallplatten und sonstigen Tonträger. Das Haus mit seinen 80 Räumen wurde 2011 an den Projektentwickler Stefan Peter verkauft, der hier eine »Psychosomatische Klinik« mit Fokus auf Burnout einrichten will.

Die Villenkolonie auf dem Fichtenberg

Das erste Gebäude auf dem zum Gutspark gehörenden Fichtenberg war ein sogenanntes »Belvedere«, eine künstliche Ruine in gotischer Form. Es wurde vom Gutsherrn Kamecke etwa 1790/1800 in der Nähe des heutigen Wasserturmes errichtet, 1865 jedoch wieder abgerissen. Die Feldsteine sollen für die Fundamente des damals gebauten Hauses Schützenstraße 8 und auch einiger anderer Landhäuser verwandt worden sein.

Nach dem Verkauf des Gutes gehörte der Fichtenberg seit 1841 der Verwaltung der Krongüter, dem königlichen Domänenfiskus. Im Mai 1870 sollten Schloss, Hof, Garten und Park, zu dem der Fichtenberg gehörte, versteigert werden, obwohl das Schloss seit 1853 von General Wrangel als Sommersitz genutzt wurde, deshalb der Name »Wrangelschloss«. In Steglitz hieß es damals: »Seine Majestät verkloppen bereits den Schlosspark, als Wrangel noch gar nicht seine Koffer gepackt hat.«

Das älteste Haus auf dem Fichtenberg wurde 1873 von Richard Hagen in der Schmidt-Ott-Straße 21 errichtet; es steht heute noch. Dort wohnte seit 1874 der Steglitzer Gemeindeschöffe Paul Mancke, einer der ersten Siedler. Die beiden anderen ältesten Häuser stammen aus dem Jahr 1874 und befinden sich in der Arno-Holz-Straße 17/19 und der Schmidt-Ott-Straße 6. Das zuletzt genannte Gebäude ließ sich der Kaufmann Degner erbauen; es verrät durch die der Straße zugewandte Front Einflüsse von Schinkel und Persius. Der mittlere Teil wird zusätzlich durch vier Säulen betont, die dem Entrée eine besondere Note verleihen.

Das Haus Arno-Holz-Straße 17/19 ließ sich der Kaufmann Kasche errichten. Schon ein Jahr später wurde es verkauft. Heute steht das Gebäude nicht mehr. Es wurde Anfang der 1960er Jahre zugunsten von Häusern der Gagfah abgerissen. 1885 waren bereits 24 Parzellen bebaut, davon elf im Landhausstil.

Drei Parzellen hatte das Provinzial-Schulcollegium gekauft. Dort entstand 1877 die Blindenbildungsanstalt, die aus zu klein gewordenen

Blick über den Fichtenberg vom Wasserturm aus Richtung Steglitz. Am rechten oberen Bildrand die Matthäus-Kirche

Räumlichkeiten in Berlin ausgezogen war. Das massige Hauptgebäude von 1872 passt eigentlich nicht so recht in das Villenviertel; vermutlich wurden die Baupläne vor der Bebauung mit Villen genehmigt.

In den folgenden Jahren ließen sich inmitten großer Gärten mit altem Baumbestand Gelehrte, hohe Beamte und Großindustrielle stattliche Villen errichten. Neben bekannten Steglitzer Persönlichkeiten wie dem Völkerkundler Eduard Seler oder dem Mühlenbesitzer Schütt ist der Philosoph und Pädagoge Friedrich Paulsen einer der berühmtesten »Fichtenberger« gewesen.

Paulsen (1846–1908) wurde 1878 Professor für Philosophie und Pädagogik an der Berliner Universität. 1887 zog er mit der Familie in sein neues Haus in der Lepsiusstraße 86/Ecke Grunewaldstraße. Markant ist vor allem der gedrungene Turm des Gebäudes, das noch heute existiert. Über die Entstehung des Hauses können wir bei Paulsen lesen:

»Das Jahr 1886 wurde unser Baujahr ... Unser Nachbar W. Erman hatte sich in Steglitz, wo er schon länger zur Miete wohnte, am Fichtenberg ein Grundstück gekauft; er machte auf ein zweites, das daneben käuflich sei, aufmerksam ... Wir kamen heraus, sahen und waren

Friedrich Paulsen

gleich entschlossen ... Am 15.ten Mai wurde das Grundstück erworben, am 7. Juli war Richtfest unseres Hauses, wofür wir selber mit großer Freude und heißem Bemühen den Grundriß entworfen hatten. Mit Spannung verfolgten wir von Woche zu Woche das Wachstum; ein kleiner Verdruß hie und da vermochte doch die freudige Erwartung, mit der wir Werden und Wachsen unseres Heimes begleiteten, nicht zu stören ... es war am 27.ten März, daß wir einzogen ...«

Der Papierfabrikant Max Krause (Schreibste mir, schreibste ihr, schreibste auf MK-Papier) und der Großindustrielle Carl Schlickeysen wohnten ebenfalls auf dem Fichtenberg. Ersterer lebte in der Schmidt-Ott-Straße 4, Letzterer ließ sich 1888 auf dem Grundstück Carl-Heinrich-Becker-Weg 24–40 eine Villa errichten, die aber 1938 wieder abgerissen wurde. Schlickeysen, Jahrgang 1824, hat sich aus kleinen Verhältnissen zu einem wohlhabenden Unternehmer emporgearbeitet. Neben diversen Erfindungen produzierte er hauptsächlich Dampfpressen für Ziegelsteine.

Der preußische Kultusminister Friedrich Schmidt-Ott (1860–1956) bewohnte seine 1902 erbaute Villa in der Arno-Holz-Straße 11 bis zu seinem Tod. Ein Beispiel für ein jüngeres Gebäude war die Villa im Carl-Heinrich-Becker-Weg 20/22. Dort entstand erst 1926 ein Landhaus, das aber im Zweiten Weltkrieg zerstört wurde.

Am Rande des Fichtenberges hatte zeitweise auch Franz Kafka (1883–1924) eine Wohnung. Am 24. September 1923 zog er nach Steglitz und wohnte zunächst in der Muthesiusstraße 20–22 (im Krieg zerstört). Nach ständigen Querelen mit der Zimmerwirtin mietete er zusammen mit seiner Freundin in der Grunewaldstraße 13 eine möblierte Zweizimmerwohnung im ersten Stock. Kafka fühlte sich »durch die Steglitzer Luft verwöhnt« und war »tief dankbar, dass ich in Steglitz wohne«. Das Glück währte allerdings nicht lange, denn am 1. Februar 1924 musste er sein Domizil als »armer, zahlungsunfähiger Ausländer« verlassen. Er starb fünf Monate später.

Die Landhauskolonie Südende

Die Landhaussiedlung »Südende« war am 26. August 1872 von der Terrain-AG »Südende« mit einem Kapital von 800.000 Talern gegründet worden. Südende, ein fast dreieckiges Gelände, wird im Osten durch die Dresdener Bahn begrenzt, im Süden (heute) durch den Teltowkanal, im Westen verläuft die Grenze etwas östlich vom Munsterdamm. Früher gehörte das Gelände zu Mariendorf und kam erst mit der Bildung von Groß-Berlin 1920 zu Steglitz.

Die Ursprünge des 1943 zerstörten Bergschlösschens am Oehlertring 33 lassen sich mangels schriftlicher Unterlagen nicht eindeutig klären. Vom langjährigen Eigentümer Otto Kogelschatz stammt jedenfalls folgende Behauptung: »Mein Haus ist das älteste Haus in Südende. Als ehemaliges Jagdschloss vom Grafen Douglas ... am Hang eines Berges gelegen, trägt es noch heute den Namen ›Bergschlösschen‹«.

Ein kleines Anwesen in der Nähe von Südende (Steglitzer Damm 47) war um 1850/60 gebaut worden. Während die baufällige Scheune 1923/24 abgerissen wurde, beseitigte man 1931 den Rest, danach wurde an der Stelle die Feuer- und Rauchlose Siedlung gebaut.

Trotz der Zwangsversteigerung der Terraingesellschaft 1877/78 ging der Ausbau der Landhauskolonie weiter. Um 1890 waren fast alle Grundstücke westlich der Anhalter Bahn bebaut. Zwischen den beiden Bahnlinien (Anhalter/Dresdener Bahn) waren es um diese Zeit erst etwa ein Dutzend. Die »Terrain-Gesellschaft Südende in Liquidation«

Südende um 1880, etwa Sohnrey-/Ecke Sembritzkistraße

Villa Hintze, heute Sohnreystraße 2/Südende 1880 mit den Herren Machatscheck, Hintze und Clement

hatte die letzten Grundstücke bereits im September 1923 verkauft; sie wurde 1941 aufgelöst. Das Gelände zwischen Kanal und Attilastraße wurde erst ab Ende der 1920er Jahre bebaut.

1900 hatte Südende bereits 1.276 Einwohner, und der Berliner Lokalanzeiger vom 14. Mai 1902 beschreibt es als einen vornehmen Villenvorort: »Hier ist noch kein Fabrikschornstein verzeichnet, und kein Tramwagen durchfährt, mit Ausnahme der Kreisstraßen, die mit Bäumen anmutig geschmückten Straßen und Alleen.«

Die Dörfer um die Jahrhundertwende

Trotz der fortschreitenden Bebauung bewahrten die vier Dörfer Steglitz, Giesensdorf, Lankwitz und Lichterfelde noch ihren ländlichen »Charme«. Von vornherein als Anger- oder Straßendörfer angelegt, reihten sich die Bauernhöfe beiderseits der Straße. Typisch für die Höfe des Teltow war die fränkisch-mitteldeutsche Gehöftlage: das Wohnhaus lag mit der Breitseite zur Straße. Die Scheune schloss in Querlage den Hof zum rückwärtigen Garten oder Feld ab. Seit dem 18. Jahrhundert wurden die Stallungen, die seitwärts lagen, separiert. Die Baupolizeiverordnung sah vor, dass Ställe und Scheunen nicht mit Gebäuden zusammengebaut werden durften, in denen sich Feuerungsanlagen befanden. Manchmal entstanden allerdings in späteren Jahren Verbindungsbauten, die dann doch zu einer baulichen Einheit führten.

Durch die Möglichkeit der Bauern, ihre landwirtschaftlichen Flächen zu verkaufen, änderte sich ihr sozialer Status ganz beträchtlich. Wie schon zuvor in Schöneberg und Wilmersdorf geschehen, gab es nun auch in Steglitz einige »Millionenbauern«. Entweder errichteten die wohlhabend gewordenen Landwirte für sich selbst stattliche Villen oder bebauten das Grundstück gleich mit einem mehrstöckigen Mietshaus. Aus Wirtschaftsgebäuden wie Scheunen und Ställen entstanden meist Garagen, Lagerräume und Werkstätten.

Steglitz

Das alte Dorf Steglitz lag etwa zwischen Wolfensteindamm und Albrechtstraße. Spätere Erweiterungen erstreckten sich entlang der Schloßstraße Richtung Schöneberg.

Die Pasemannsche Villa an der Schloß-/Ecke Wrangelstraße in den 1950er Jahren, rechts davon das alte Bauernhaus, im Hintergrund der Turm der Matthäuskirche

Auf der südöstlichen Dorfseite steht heute kein Stein des alten Steglitz mehr. Der klotzige Kreisel und die flächenfressenden Auf- und Abfahrten der Westtangente lassen nicht erahnen, dass sich dort einmal Bauernhöfe befanden. Zwischen 1858 und 1868 hatten sich noch drei Steglitzer Landwirte kleine, einstöckige Wohnhäuser errichtet. Der Landwirt Schröder hatte seinen Hof beispielsweise auf dem Grundstück Schloßstraße/Ecke Wolfensteindamm. Der heute dort stehende Neubau datiert von 1987. Sein Nachbar, der Landwirt Liebenow (Schloßstraße 69), hatte seine 1873 abgerissene Scheune 1909 durch ein viergeschossiges Mietshaus mit zwei Seitenflügeln und Quergebäude ersetzt. An der Stelle, wo sich heute die Autobahnabfahrt und das Parkhaus des Kreisels befinden, lagen die Bauernhöfe der Landwirte Bäthge (Schloßstraße 71–73) und Dahlemann (Schloßstraße 74–77). Deren Nachbar war Landwirt Berlinicke, dessen Hof (Schloßstraße 78–81) dort lag, wo sich der Eingang zum inzwischen geschlossenen Kreisel befindet.

Der Landwirt Pasemann wohnte zunächst noch in seinem einfachen Bauernhaus aus dem Jahr 1858, ehe er sich 1895 eine pompöse Villa

Der Hermann-Ehlers-Platz um 1900; im Vordergrund die alte Schmiede kurz vor dem Abriss, links im Hintergrund die Rosenkranz-Basilika

bauen ließ. All diese Bauten wurden 1962 für das heute noch dort stehende Bankgebäude abgerissen. Neben dem Pasemannschen Hof bestand von 1881 bis 1951 das alte Spritzenhaus der Feuerwehr. Daneben lag der Dorffriedhof (Schloßstraße 44), der 1891 geschlossen und beim Bau des Gemeindehauses 1929/30 größtenteils eingeebnet worden war. Neben dem Friedhof hatte man 1871 das Schulhaus (Schloßstraße 43) errichtet, das um 1949 wieder abgerissen wurde.

Das Grundstück Schloßstraße 38/40/Ecke Grunewaldstraße gehörte dem Bauern Jürgens. Nachdem das Areal 1839 von Heese für seine Maulbeerbäume gepachtet worden war, entstand hier anstelle eines alten Landhauses die später abgerissene Villa Lydia. 1890 kaufte der Bankier Carl Schwartz das Grundstück, der hier 1897 die nach ihm benannte Villa errichten ließ.

Das älteste, auch heute noch vorhandene Gebäude ist das – allerdings mehrfach umgebaute – klassizistische Wrangelschloss aus den Jahren 1804 bis 1808. Alle anderen Baulichkeiten im Bereich des ehemaligen Dorfes sind mit Ausnahme der Matthäuskirche höchstens 115 Jahre alt.

Das Postamt in der Bergstraße, um 1915

Die erste Steglitzer Post befand sich seit 1864 in einem Bauernhaus unweit der Albrecht-/Ecke Heesestraße. 1876 eröffnete ein größeres Postamt in der Albrechtstraße 5. Schon am 15. Januar 1886 zog die Post in einen zweistöckigen Neubau in der Albrechtstraße 14a um, der 1910 bereits wieder durch ein anderes Haus ersetzt wurde.

Die Reichspost kaufte für 200.000 Mark ein Grundstück an der Bergstraße, wo zwischen April 1907 und März 1908 nach den Plänen von Wilhelm Walter ein großes Postamt mit 122 Diensträumen und drei Wohnungen entstand. Am 1. April 1909 wurde das imposante Gebäude mit dem markanten 32 Meter hohen Turm eröffnet, 1927/28 erhielt es einen Anbau.

Kurz vor dem Zweiten Weltkrieg wurde hier eine Fernsehstube mit 50 Sitzplätzen eingerichtet. Nachdem das gesamte Gebäude durch Brandbomben weitgehend zerstört worden war und sowjetische Soldaten die Einrichtung demontiert hatten, konnte das rekonstruierte Amt erst 1952 wiedereröffnet werden. Seit dem 18. März 2001 ist es für den Publikumsverkehr geschlossen. Dafür gibt es jetzt eine sogenannte Postagentur in der Schloßstraße 110.

Lankwitz

Das alte Dorf Lankwitz reichte von der Kaiser-Wilhelm-Straße/Ecke Alt-Lankwitz bis zum Ende der Dorfaue. Zudem war um die Jahrhundertwende nur ein Stück der Mühlenstraße bebaut. Eine bauliche Verbindung zum Villenviertel oder zur ebenfalls noch locker bebauten Leonorenstraße gab es nicht.

Auf der nördlichen Seite der Dorfaue hatten die Landwirte Dillges (Alt-Lankwitz 49–51) und Dahlemann (Alt-Lankwitz 43) ihre Höfe. Zudem standen dort das Lehnschulzengut (Alt-Lankwitz 37–39) und das Schloss (Alt-Lankwitz 23–29). Das Schloss hatte sich General Ludwig von Kalckreuth im Jahre 1767 auf wahrscheinlich spätmittelalterlichen Grundmauern erbauen lassen. Die Ruine wurde 1956/57 abgerissen und das Grundstück 1985/86 mit 43 Wohnungen bebaut.

Mitten auf der von vielen Wagenspuren zerfurchten Dorfaue stand die Dorfkirche, gleich daneben lag der kleine Friedhof. 1313 erstmals urkundlich erwähnt und baulich nur wenig verändert, diente die Kirche bis 1943 als Gotteshaus. Bei einem Luftangriff 1943 brannte sie aus, wurde von dem Architekten Wolfram Konwiarz erneut aufgebaut und am 16. Dezember 1956 wieder eröffnet. Der jetzige Turm, dem pagodenartig geschwungenen Barockaufbau von 1757 nachempfunden, ist kleiner und schmaler. Der Dorffriedhof war bereits im Jahre 1878 geschlossen worden.

Gleich neben der Kirche hatte man 1790 die Dorfschule errichtet. Bis 1878 verschaffte sie mehreren Generationen von Lankwitzern ein erstes Bildungserlebnis. 1956 wurde sie abgerissen.

Das benachbarte Lehnschulzengut gehörte zwischen 1786 und 1803 der Familie von Pfuel. Danach kam es in bürgerliche Hände, bis es 1926 von den Christkönigschwestern gekauft wurde, die dort zunächst eine Kinderkrippe, ein Säuglingsheim und später ein Krankenhaus einrichteten. Das Krankenheim musste 2003 geschlossen werden; 2007 wurde es zugunsten einer Wohnanlage abgerissen. Das von ihnen ebenfalls erworbene Gutshaus der Familie Dahlemann von 1875 diente nach Umbauten durch den Architekten Glas seit 1956/57 den Christkönigschwestern als Hospiz Angelicum (Gästehaus). Die Hauskapelle wurde 1927 errichtet, die Gnadenkapelle 1934 (Alt-Lankwitz 37/39).

Durch die Neuordnung der Ackerflächen (1824–1846) hatten sich einige kleine Gehöfte entlang der Mühlenstraße angesiedelt. Die Häu-

Die Lankwitzer Dorfkirche

Die Lankwitzer Dorfschule, 1951

Mühlenstraße 32, 2011

ser Mühlenstraße 22 und 32 sind beide um 1850 erbaut worden und somit die ältesten noch heute bewohnten Gebäude im ganzen Bezirk Steglitz. Das Gebäude Mühlenstraße 5 entstand erst 1886.

Der Schwerpunkt des Lankwitzer »Lebens« verlagerte sich nach dem Bau des Bahnhofs (1895/98), des Rathauses (1910/11) und der Dreifaltigkeitskirche (1904–1906) immer mehr in die Leonorenstraße, die zusammen mit der Kaiser-Wilhelm-Straße später zur Lankwitzer merkantilen »City« wurde.

Giesensdorf

Das Dorf Giesensdorf erstreckte sich längs des Ostpreußendammes. Noch heute erkennt man durch die verbreiterte Dorfstraße die Ortslage etwa zwischen dem Waltroper Weg und der Heinrichstraße. Gegenüber der Kirche lag das Pfarrhaus (Ostpreußendamm 64), das 1869/70 entstand. Um 1850 war das alte Pfarrhaus so baufällig, dass ein Neubau notwendig wurde. Das »neue«, heute noch bestehende Pfarrhaus wurde 1925 von Bruno Möhring spiegelbildlich erweitert.

Die Giesensdorfer Dorfkirche vor der Zerstörung im Zweiten Weltkrieg

Rechts vom Pfarrhaus schließt sich die Giesensdorfer Grundschule (Ostpreußendamm 63) an, die direkt aus der alten Dorfschule (seit 1608) hervorging. 1720 wurde für den Küster ein Haus links vom Pfarrhof am Ostpreußendamm 65 errichtet, dem eine Schulstube angegliedert war. Erst 1877 zog man in ein Gebäude am Ostpreußendamm 63 um, da das alte Schulhaus baufällig war und Einsturzgefahr bestand. Das heutige Schulareal liegt auf dem Gelände des alten Gutshofes, der hier vor über 300 Jahren eingerichtet wurde. Das direkt an der Straße liegende Gutshaus beseitigte man 1956.

Der Mittelpunkt des Ortes wird heute durch die Einmündung der Osdorfer Straße markiert, an deren Ecke die mit 87 Sitzplätzen zweitkleinste Dorfkirche Berlins steht. Mitte des 19. Jahrhunderts hatte sie noch einen mächtigen, verbretterten Turm mit Satteldach, der später mehrfach verändert wurde. Die Kirche muss früher etwa um die Hälfte kleiner gewesen sein, was sich im Innern aus der unterschiedlichen Stärke der Wände schließen lässt. Die Erweiterung erfolgte nach Westen. Die alten Glocken, eine von 1686, die andere von 1786, wurden im Glockenstuhl auf dem Dach des Gemeinde- und Pfarrhauses aufgehängt. Der älteste Grabstein, jetzt in der Kirche aufgestellt, weist auf den 1698 gestorbenen Gutsherren Ernst Ludwig von der Groeben hin.

Die Mühle befand sich südlich des Dorfes auf dem Gelände zwischen Linden-, Müller- und Soester Straße. 1868 errichtet, konnte sie bis zu drei Zentner Korn täglich mahlen. Müller Hartmann übernahm die Weiterverarbeitung gleich selbst und versorgte die Umgebung mit Brot. Als die Bebauung dichter wurde und so den notwendigen Wind abhielt, musste die Mühle elektrisch betrieben werden. Ihr Ende kam 1939, als ein Blitzschlag zwei Flügel zerstörte. Das Gebäude wurde noch im selben Jahr abgetragen.

Lichterfelde

In den 1870er und 1880er Jahren begann sich der Charakter des Dorfes Lichterfelde allmählich zu verändern. Rund um die Dorfaue entstanden Wohnhäuser, die teilweise noch heute erhalten sind. Dazu gehören die zweistöckigen Gebäude am Hindenburgdamm 106 und das Doppelhaus Hindenburgdamm 24/25 von 1872/73.

Die Dorfkirche im romanischen Stil hat auf ihrer Turmspitze eine Windfahne mit dem Kranichwappen der Familie Danckelmann, die um 1700 dort Gutsherren waren. Nachdem das Gotteshaus Heiligabend 1631 durch einen Brand zerstört worden war, dauerte es auf den Tag genau 40 Jahre, bis das Kirchlein wieder in Dienst genommen werden konnte. Durch Gruftanbauten 1776 und 1789 sowie die Verlängerung nach Osten 1895 wurde die Dorfkirche erheblich verändert. Dennoch war sie zu klein geworden. In den Jahren 1898 bis 1900 wurde die große Paulus-Kirche erbaut. Das Gemeindehaus entstand 1929 am Hindenburgdamm 101/101a. Landwirt Noack (Hindenburgdamm 102) hatte es der evangelischen Kirchengemeinde im selben Jahr verkauft.

Bereits 1923 hatte Noack Stall und Remise an die chemische Fabrik »Dr. Bekk & Kaulen GmbH« verpachtet. Am 3. September 1929 kam es durch das Platzen eines Gasbehälters zu einer »Explosition«, wie es in einem Schreiben an die Baupolizei heißt. Trotz dieses Ereignisses überlebte die Fabrik Bürokratie und Krieg und existierte noch bis um 1970. Erst 1980 wurden alle Gebäude abgebrochen und durch einen Neubau ersetzt.

Die Lichterfelder Dorfkirche

Am entgegengesetzten Ende des Dorfes steht das Gutshaus, das sogenannte Carstenn-Schlösschen. Das Gebäude ist um 1631 erbaut worden, die Grundmauern dürften noch älter sein. Im Dreißigjährigen Krieg zerstört, ist es an gleicher Stelle wiederaufgebaut worden. Nach Umbauten 1800 und 1868 bewohnte der Villengründer Carstenn das Gebäude. In den Jahren 1952/53 wurde das Haus restauriert und 1957 ein Kinderhort eingerichtet. Heute hat dort das Nachbarschaftsheim Steglitz e.V. sein Domizil gefunden.

Eine Freitreppe an der Rückseite führt in einen großen Garten mit bis zu 300 Jahre alten Bäumen. Er war nach dem Ersten Weltkrieg noch in Privatbesitz. Um ihn vor der Bebauung zu schützen, wurde der 53.000 Quadratmeter große Park 1923 unter Naturschutz gestellt. Die Landgemeinde Lichterfelde hatte sich jahrzehntelang bemüht, den Schlosspark in ihren Besitz zu bringen. Am 30. September 1924 erwarb sie das Grundstück für weniger als die Hälfte des früheren Preises. Der Schlosspark besteht aus zwei Teilen. Direkt hinter dem Schloss befindet sich der gärtnerisch gestaltete Teil, in dem Baumschutz besteht. Der hintere, zum Teltowkanal gelegene Teil ist mehr oder weniger

Carstenn-Schlösschen, 1993

sich selbst überlassen. In diesem eingezäunten Parkteil waren vor dem Zweiten Weltkrieg noch 14 Rehe sowie Fasane, Pfauen, Hühner und Enten untergebracht. Auch in den 1970er Jahren gab es dort noch Rotwild.

Die Amendtsche Melkerei zog um die Jahrhundertwende von Neukölln nach Lichterfelde in die Dürerstraße 45. Für das Jahr 1926 werden etwa 60 bis 70 Kühe genannt. Später wurden hier Schweine gemästet und 1988 noch neun Bullen gehalten. Im April 1992 musste der 3.000 Quadratmeter große Hof aus wirtschaftlichen Gründen schließen. 2.206 Quadratmeter des Hofraumes wurden 1994 mit 30 Komfortwohnungen bebaut, während das alte Vorderhaus erhalten blieb. Damit hatte der letzte Bauer in Steglitz aufgegeben.

Die Felder der Bauern erstreckten sich längs des Hindenburgdamms bis zum heutigen Händelplatz, auf dem sich nach 1870/71 eine große Spargelplantage befand. Die Ernte war damals so reichhaltig, dass nicht nur die Berliner ihren Spargel hier kauften, sondern auch Konservenfabriken und Abnehmer in Lübeck und Karlsbad beliefert werden konnten.

Vorboten der Stadt

Die Mietshäuser

Nach den Bauordnungen von 1872 und 1887 für die Umgebung von Berlin war der Bau von mehrstöckigen Mietshäusern auch in Vororten wie Steglitz möglich. Bisher jedoch hatte die fehlende Kanalisation in den Vororten das Errichten von Massenmietshäusern verhindert. Nun aber förderte jene Bauordnung gemeinsam mit der Einführung der Kanalisation (in Steglitz seit 1892/93) und der Eröffnung der Wannseebahn 1891 auch den Bau fünfstöckiger Mietshäuser im Südwesten mit Seitenflügeln und Hinterhäusern, oft mit kahlen Brandmauern zu beiden Seiten. In der Schloßstraße 90 (1905) gibt es sogar drei Hinterhöfe.

Noch heute sind die Ergebnisse jener Bauordnung von 1887 in Steglitz zu sehen. In der Düppelstraße 28/Ecke Hubertusstraße 7 und in der Düppelstraße 28a entstanden bereits 1887 und 1890 fünfgeschossige Wohnbauten samt Hinterhaus. Gleichzeitig führte die Bauordnung von 1887 zu einem neuerlichen Anstieg der Bodenpreise. Die zwischen 1887 bis 1898 eingetretene Wertsteigerung des Grund und Bodens in den Berliner Vororten betrug nicht weniger als rund eine Milliarde Mark. Außerdem verteuerten die Kosten für die Kanalisation und Pflasterung der Straße die Bauvorhaben oft so, dass einzig das Massenmietshaus noch rentabel war. Am 5. Dezember 1892 wurde eine neue Bauordnung erlassen. Sie galt für Orte außerhalb der Ringbahn, also auch in Steglitz, stellte aber lediglich eine kosmetische Übertünchung bestehender Vorschriften dar. So durften Wohngebäude nur noch 18 Meter hoch sein und maximal vier Wohngeschosse aufweisen. Laut einer Statistik aus den Jahren 1900/01 lebten in Steglitz 946 Personen in 211 Dachmansarden. Zudem existierten 318 Kellerwohnungen, die von 1.394 Menschen bewohnt wurden. Dazu ein anschauliches Beispiel: Eine Familie Ziehmann bezog 1906 die Kellerräume im Haus Kuhligkshofstraße 2 (1888). Der Armenarzt Dr. Swoboda schrieb dazu am 12. Mai 1913 an die Baupolizei: »Die Kellerräume … halte ich für ungeeignet als Wohnraum und für gesundheitsschädlich. Die Räume, in die nie Sonne dringt, sind dauernd kalt und nach längerem Regen auch feucht, die Luft ist modrig und ungesund; die … Kinder sind infolge des langen Aufenthalts in dieser Wohnung elend und kränklich. Ich halte eine Räumung der Wohnung im gesundheitspolizeilichen In-

Die Schloßstraße um 1900. Am linken Bildrand sind Teile des Rathauses zu erkennen

teresse für nötig.« Ergebnis: Die Wohnung wurde vom Polizeiarzt gesperrt. Das Gebäude wurde übrigens 1965 der Westtangente geopfert.

Die Bebauung mit meist vierstöckigen Mietshäusern in und um die Schloßstraße setzte um 1900 verstärkt ein. Ständig wurde irgendwo ein neues Mietshaus hochgezogen. Von der Innenstadt ziehen sich die Berliner Mietskasernen über Schöneberg und Friedenau fast lückenlos bis nach Steglitz, ja sogar bis nach Lichterfelde. Bereits 1892 war man in Lichterfelde von der landhausmäßigen Bebauung abgerückt. Am Hindenburgdamm und anderen Hauptstraßen konnte nun auch in geschlossener Weise gebaut werden. Ein Beispiel dafür ist das Mietshaus am Hindenburgdamm 93/Ecke Augustastraße von 1904. Im Unterschied zur Schloßstraße, wo sich die Mietshausbebauung weit in die Nebenstraßen erstreckt, ist das am Hindenburgdamm nicht der Fall. In der Regel sind nur noch die Straßenecken der Nebenstraßen so bebaut. Meist folgt dann ein freistehendes Mietshaus, bevor die landhausmäßige Bebauung beginnt.

Doch nirgendwo in Berlin reicht die geschlossene wilhelminische Mietshausbebauung so weit in die Außenbezirke wie in Lichterfelde.

Dennoch waren die meisten Wohnungen in Steglitz besser ausgestattet als im Berliner Durchschnitt. So hatten 1925 nur 13,2 Prozent der Steglitzer Wohnungen keine Toilette. Lediglich Wilmersdorf lag mit 8,5 Prozent besser. Auch hatten nur 1,3 Prozent der Wohnungen weder Gas- noch Stromanschluss (zum Vergleich: Reinickendorf 8,3 Prozent). Die anderen Angaben sind dann allerdings nicht mehr so erfreulich: 43,5 Prozent der Wohnungen hatten kein Bad, 85,9 Prozent waren ohne Zentralheizung.

Die Schloßstraße

Der »Großstadtcharakter« von Steglitz wurde allerdings in erster Linie von der Entwicklung der Schloßstraße zu einer großen Einkaufsstraße geprägt. In den 1880er Jahren dominierten noch ein- bis zweigeschossige Landhäuser sowie Gärtnereien, Baumschulen und Samenhandlungen. Zwischen der Schildhornstraße und dem Walther-Schreiber-Platz standen damals nur drei Häuser. Ansässig waren hauptsächlich Handwerker, doch mit der Zunahme des Einzelhandels reduzierte sich die Zahl der Handwerksbetriebe ständig; diese Entwicklung hielt bis in die Zeit nach dem Zweiten Weltkrieg an: 1963 gab es auf der Schloßstraße noch drei Handwerker, 1976 keinen mehr.

Nach der Jahrhundertwende ließen sich auf dem immer mehr Boulevardcharakter gewinnenden Straßenzug große Bekleidungsgeschäfte wie die Kaufhäuser Feidt, Grübnau und Friedenstein nieder. Inzwischen gab es nämlich auch in Steglitz eine Klientel, die großstädtischen Chic nicht nur in der Friedrichstraße oder in den Einkaufsmeilen des Neuen Westens suchte. Hatte es schon vor 1914 eine nahezu geschlossene Ladenfront gegeben, so entstanden jetzt immer mehr Spezialgeschäfte, die teilweise noch heute dort ansässig sind. Dazu zählte beispielsweise Otto Kiekheben, der 1907 seine Eisenwarenhandlung in der Albrechtstraße 96/Ecke Elisenstraße eröffnete. Anfang 1995 mussten seine Erben den Laden schließen, weil sie die hohen Gewerbemieten nicht mehr erwirtschaften konnten. Heute befindet sich dort eine Bäckerei. Zu weiteren traditionellen Geschäften in der Schloßstraße gehören das Kaffeegeschäft »Zuntz«, das Schuhgeschäft »Salamander«, von 1910 bis ca. 2001 die Buchhandlung »Teschner« und seit 1907 das Delikatessengeschäft »Nöthling« in der Schloßstraße 32, das allerdings Anfang der 1990er Jahre geschlossen wurde.

Schloß-/Ecke Albrechtstraße, um 1925

Ein weiteres traditionsreiches Unternehmen etwas abseits der Schloßstraße wurde am 1. Januar 1908 gegründet – das Speditionsunternehmen Kopania. Zunächst noch in Friedenau ansässig, zog das Unternehmen 1922 in die Bergstraße 91. Vom kleinen Umzug bis zu großen Überseetransporten übernimmt die Firma, die in der dritten Generation noch in Familienbesitz ist, Aufträge aller Art und war unter anderem am Umzug des Auswärtigen Amtes von Bonn nach Berlin beteiligt.

Auch kulturell schaffte man den Schritt vom Dorf zur Stadt: Die Steglitzer wollten ein Theater. Schon 1905 hatte es Verhandlungen über eine Bühne im Schloss gegeben, die aber im Sande verlaufen waren. Fünf Jahre später bemühte sich die Gemeindeverwaltung darum, scheiterte jedoch aus finanziellen Gründen. Schließlich plante man 1912 den Neubau eines großen Theaters am Stadtpark Steglitz für 600.000 Mark mit einer Kapazität von 1.200 Plätzen. Der Kriegsausbruch von 1914 verhinderte die Ausführung und so wurde 1919 ein Mehrzweckbau, ebenfalls im Stadtpark, beschlossen. Das Haus sollte einen Theaterraum mit 1.400 Plätzen, ein Kammerspiel mit 350 Plät-

Das Gutshaus Steglitz, rechts daneben (nicht im Bild) das Schlosspark-Theater, 2011

zen und ein Kino umfassen. Diesmal wurde das Vorhaben durch die Eingemeindung nach Groß-Berlin 1920 zunichte gemacht.

Doch die künstlerisch ambitionierten Steglitzer gaben nicht klein bei. Sie gründeten die Schloßpark Steglitz GmbH, pachteten das Gelände und eröffneten am Wrangelschloss ein Theater. Die Remise und der Pferdestall aus Wrangels Zeiten, als Tanzsaal genutzt, wurde um 1920 zum Theatersaal umgebaut. Dabei entstand auch der typische Säulenvorbau, der seit 1971 Baudenkmal ist. Der damals 850 Plätze umfassende Zuschauerraum ist entsprechend seiner früheren Funktion nicht unterkellert.

Am 12. Mai 1921 eröffnete das Theater mit Shakespeares »Timon von Athen« unter der Regie von Paul Henckels, zugleich erster Intendant des Schlosspark-Theaters. Vor allem Älteren dürfte Henckels durch seine Rolle als vergesslicher Professor in der »Feuerzangenbowle« noch ein Begriff sein.

Das Schlosspark-Theater hatte von Anfang an wegen seiner räumlichen Lage den Ruf einer Stadtrandbühne. Es mangelte an Publikum, und so schrieb Carl Zuckmayer einmal ein wenig böse, aber wohl durchaus treffend: »Am Steglitzer Schloßpark-Theater war in den zwanziger Jahren das Auffallendste, dass man nicht hinging.«

Nun, das mag auch daran gelegen haben, dass es eine Reihe von Misserfolgen und häufige Indentantenwechsel gegeben hatte. Das verkraftet – damals wie heute – kein Theater auf Dauer. Zudem machte auch die Weltwirtschaftskrise dem Unternehmen zu schaffen. Ab 1932 nannte sich das Theater »Schauspielhaus Steglitz«. Doch auch die großspurige Namensänderung konnte den Niedergang nicht mehr aufhalten. Die Popularität des Theaters sank auf null und es versickerte im Bewusstsein der Berliner. Das letzte aufgeführte Stück, ebenfalls von Shakespeare, hieß bezeichnenderweise »Verlorene Liebesmüh«. Damit war die Existenz des privaten Schlosspark-Theaters vorläufig beendet. Ab 1935 wurde der Theatersaal als Kino genutzt.

Bereits ein halbes Jahr nach Ende des Zweiten Weltkrieges eröffnete der neue Intendant Boleslaw Barlog († 1999) am 3. November 1945 das Schlosspark-Theater mit dem Curt-Goetz-Stück »Hokuspokus«. Unter Barlogs innovativer Intendanz entwickelte sich die Bühne in den folgenden Jahren zu einem der anspruchsvollsten Sprechtheater Berlins. Eine der erfolgreichsten Inszenierungen war gerade Zuckmayers Stück »Des Teufels General« mit O.E. Hasse in der Hauptrolle. 1950 bekam das Schlosspark-Theater wieder den Rang eines Staatstheaters (bis 1993) und diente seit der Wiedereröffnung des Schiller-Theaters als dessen Kleines Haus. Die Blütezeit des Theaters waren die fünfziger Jahre. Lokalpatriotismus hin oder her, mit den deutschen Erstaufführungen so bedeutender Stücke wie Samuel Becketts »Warten auf Godot« (1953) oder Jean Genets »Balkon« (1959) wurde die Bühne – und Steglitz sonnte sich nur zu gern in diesem Glanze – zu einer der attraktivsten in ganz Deutschland. Barlogs vielleicht stärkste Inszenierung, die ihm auch international viel Ruhm einbrachte, war jedoch 1963 Edward Albees Stück »Wer hat Angst vor Virgina Woolf« mit Erich Schellow. Auch in den siebziger Jahren gab es noch eine Reihe bemerkenswerter Aufführungen zeitgenössischer Dramatik. Mit dem Rückzug Barlogs 1972 hat das Theater aber wohl seinen eigentlichen spiritus rector verloren. Es folgten Schließungen und Intendantenwechsel, bis Dieter Hallervorden 2008 als 74-Jähriger mutig einen 10-Jahres-Vertrag abschloss, um dem Haus neues Leben einzuhauchen.

Neben dem Theater kamen um 1910 hier die ersten Kinos auf, die »Lichtspieltheater« hießen,von denen sich eins einen besonderen Na-

Das Kino Adria, 1983

men gemacht hat. Als Großkino entstand 1927 der Titania-Palast anstelle eines Rummelplatzes an der Schloßstraße 4–5. Im Auftrag der National-Filmgesellschaft in Berlin entwarfen die Düsseldorfer Architekten Schöffler, Schloenbach und Jacobi das monumentale Gebäude, das am 26. Januar 1928 eröffnet werden konnte. Die Bühne maß 72 Quadratmeter, und schon 1930 hatte das Kino 1.924 Sitzplätze.

»Bei keinem anderen Lichtspieltheater Berlins wurde in gleicher Weise die Wirkung des Lichts als Element der Architektur eingesetzt«, so Olaf Seeger und Burkhard Zimmermann. »Indirekte Lichtquellen an Gesims und Vordach, Opalglasstreifen für den gegliederten Lichtturm sowie von innen beleuchtete Fensterläden« ließen das Haus gerade in der Nacht besonders zur Geltung kommen. Die rippenförmig eingearbeiteten Lichtelemente galten damals als architektonische Sensation. Dabei war der Stromverbrauch für den inneren und äußeren Lichterglanz so hoch, dass eine eigene Transformatorenstation notwendig war.

Steglitz ist aber nicht nur durch seine Kinos, sondern vor allem durch seine Produktionen eng mit dem Film verbunden. Seit 1906 unterhielt der Filmemacher Bolten-Baeckers in Südende ein Freilicht-Atelier, das

Steglitzer Kinos (Auswahl)

Name	Adresse	Spielzeit	Bemerkungen
Albrechtshof-Lichtspiele	Albrechtstraße 1A	1913/17–1967	zunächst »Reform-L.«
Allegro und Apollo	Bismarckstraße 68–69	1958–1984	Abriss
Asta	Thorwaldsenstraße 26	1920–1959	
Bismarck LS	Poschinger Straße 15	1929–1949	
Central-Lichtspiele	Hindenburgdamm 93a	1909–1935	
Deutsches Theater	Schloßstraße 88	1910–1928	
Die Brücke / Hindenburg-L.	Hindenburgdamm 58	1913–1977	
Filmburg / Palast-Theater	Schloßstraße 92	1910–1943	zerstört
Flora	Schloßstraße 10	1911–1965	seit 1966 Karstadt
Globus-Palast	Borstellstraße 1	1927–1943	zerstört
Gloria-Palast	Hindenburgdamm 101	1949–1958	heute ev. Kirche
Kammerlichtspiele	Sembritzkistraße 5–7	1919–1943	zerstört
Laterna	Kieler Straße 7	1948–1960	heute Westtangente
Lichtburg-Palast	Leonorenstraße 51	1927–1971	
Metropol-Kinematorgr.	Schloßstraße 31–32	1908–1922	
Mühlen-Lichtspiele	Mühlenstraße 21	1924–1943	zerstört
Odeon	Ostpreußendamm 78	1952–1966	Abriss 2018
Palast-Lichtspiele	Kranoldplatz	1914–1977	
Palast-Theater	Albrechtstraße 91	1913–1943	zerstört
Parklichtspiele	Albrechtstraße 48–49	1930–1968	
Regina / Häsi	Steglitzer Damm 23	1929–1960	
Rio-Lichtspiele	Gardeschützenweg 139	1922–1943	
Rex-Lichtspiele	Unter den Eichen 56	1933–1968	
Schlosspark-Kino	Schloßstraße 48	ab den 1920er Jahren	seit 1952 Neubau Kino Adria
Der Spiegel	Drakestraße 50	1952–1973	
Thalia (seit 1953)	Kaiser-Wilhelm-Straße 71	1933–1943	früher Capitol
Wrangel-Lichtspiele	Schloßstraße 48/Wrangel	1934–1936	

er später in die Berlinickestraße 11 verlegte. Dem Bundesarchiv/Filmarchiv in Koblenz sind namentlich fast 40 Filme bekannt, die dort entstanden. Das Atelier wurde später von der UFA übernommen.

Bereits 1904 entstand in der Zietenstraße 10 Deutschlands erstes Filmatelier, die »Deutsche Mutoskop- und Biograph-Gesellschaft«. Dagegen pachtete die »Europäische Filmallianz GmbH« erst 1921 große Areale in den Rauhen Bergen. Hier entstanden Außenaufnahmen für die Stummfilme wie »Das Weib des Pharao« und »Peter der Große«. Dabei wurden ganze ägyptische Städte und russische Paläste errichtet. Eine große Wand verdeckte die benachbarten Südender Villen. Bekannte Darsteller wie Emil Jannings, Albert Bassermann und Paul Wegener spielten hier ihre Rollen. Kuriosität am Rande: Der »Pharao« Emil Jannings trug eine Brille! Mit der Erfindung des Tonfilms war jedoch die Filmproduktion in Steglitz beendet. Die größeren Hallen mit der neuen Technik in Johannisthal und Babelsberg waren nun die bevorzugten Produktionsorte.

Dennoch ist die Filmbranche nicht ganz aus Steglitz verschwunden. In der Lankwitzer Paul-Schneider-Straße 40/44/Ecke Mühlenstraße 46/54 errichtete die Filmabteilung des Luftkreiskommandos II 1938 ein dreigeschossiges Ateliergebäude mit einem Filmbunker. Heute synchronisiert dort Wenzel Lüdecke unter dem Firmennamen »Berliner Synchron GmbH« ausländische Filme und Serien.

Verkehr, Vergnügen, Vereine

Kaum ein anderer Vorort Berlins ist so eng mit der Verkehrsentwicklung – und damit sind in erster Linie die Segnungen des technischen Zeitalters gemeint – verbunden wie Steglitz. Das fing mit der ersten elektrischen Straßenbahn der Welt an, setzte sich über den Bau des Teltowkanals fort und hört bei Otto Lilienthal noch lange nicht auf.

Der Schienenverkehr

Schon 1838 erreichten Züge der Eisenbahnstrecke Potsdam–Berlin das 300-Seelendorf Steglitz, allerdings wurde der Bahnhof wenige Jahre später wieder geschlossen. Erst ab dem 1. Mai 1864 hielten wieder Züge in Steglitz, allerdings anfangs nur bei Bedarf. 1869 diente ein einstöckiges Haus an der Albrecht-/Ecke Berlinickestraße als Bahnhofsgebäude. Ein einziger Beamter fungierte als Bahnhofsvorsteher, Fahrkartenverkäufer, Schrankenwärter und Bahntelegraphist. Mit der steigenden Zahl der Ausflügler aus Berlin genügte diese Ein-Personen-Haltestelle dann allerdings nicht mehr. 1873/74 wurde ein »richtiges« Bahnhofsgebäude errichtet, das 1965/66 dem Autobahnbau zum Opfer fiel. Der Bahnverkehr war in den 70er Jahren des 19. Jahrhunderts schon sehr rege. Sieben- bis achtmal am Tag ging ein Zug nach Berlin, in elf bis zwölf Minuten war man in der Reichshauptstadt. 1878 zählte man schon 554.123 ankommende und abfahrende Fahrgäste, ein Jahr später waren es bereits 713.013.

1883 kam es in Steglitz zu einer der größten Eisenbahnkatastrophen im Raum Berlin. Die Schienen verliefen damals noch auf Straßenniveau. Das »Teltower Kreisblatt« berichtete in einer Extra-Ausgabe vom 2. September 1883:

»Der Andrang des Publikums zu sämtlichen Zügen der Berlin-Potsdam-Magdeburger Eisenbahn war am Sonntag mit Rücksicht auf das Sedanfest und das herrliche Wetter ein ganz enormer und namentlich auf dem Steglitzer Bahnhof kaum zu bewältigender. Die Passagiere auf der sogenannten Berliner Seite des Bahnhofes mußten längere Zeit warten. Die Potsdamer Seite war ebenfalls noch von Publikum besetzt, das nach Berlin fahren wollte. Dieses Publikum drang nun, obgleich die Barrieren sämtlich geschlossen waren, unter diese hindurch, um von der unrechten Seite in die Coupees einzudringen.

Von mehreren Seiten wurde gerufen, dass ein Zug jeden Augenblick einfahren könne; viele Personen suchten sich, als derselbe in Sicht war, zu retten; aber der von Berlin kommende Courierzug brauste durch das Menschengedränge hindurch, Tod und Verderben verbreitend. 43 Personen wurden nach der Vorbeifahrt des Zuges teils tot, teils verwundet aufgefunden. 17 Männer, 18 Frauen und 4 Kinder liegen jetzt, während wir diese Zeilen niederschreiben, als gräßlich verstümmelte Leichen in dem Wartesaale, ein furchtbarer, entsetzlicher Anblick.«

Bereits ein Jahr später begann man mit dem Bau der Unterführung, die 1888 fertiggestellt wurde.

Durch Lichterfelde und Lankwitz führte die Berlin-Anhaltische Eisenbahn, die 1841 ihren Betrieb aufgenommen hatte. Die Station Lichterfelde (jetzt Ost) wurde am 20. September 1868 auf Initiative von Carstenn eröffnet. Das (damalige) Empfangsgebäude ließ er so bauen,

Der S-Bahnhof Steglitz in den 1950er Jahren

dass es notfalls auch als Scheune genutzt werden konnte, wenn sich die Station nicht rentieren sollte. Der Bahnhof hieß der Strecke entsprechend »Anhalter Bahnhof«, offiziell trug er ab dem 1. September 1886 den Namen »Groß-Lichterfelde an der Bahn Berlin-Halle«, ab dem 1. Januar 1899 »Groß-Lichterfelde Ost«. Das Wort »Groß-« wurde 1925 wieder gestrichen, und erst elf Jahre später durch den Zusatz »Berlin« ersetzt. Eine örtliche Zeitung bezeichnete die Station 1903 als »Ostbahnhof«. Anfangs hielten nur sechs Züge täglich, doch bereits 1871 machten hier sämtliche Fernzüge Station. Die Fahrt nach Berlin betrug 13 bis 20 Minuten und kostete je nach Klasse, von denen es vier gab, sieben bis zwölf Silbergroschen.

Die erste elektrische Straßenbahn der Welt

1829 fuhren in England die ersten dampfgetriebenen Schienenfahrzeuge. Für den innerstädtischen »Nahverkehr« gab es dagegen in Berlin die berühmten Pferdebahnen. Eine weitere Antriebsform erfand Werner (seit 1884: von) Siemens mit dem Elektromotor, den er zum ersten Mal

1879 auf einer Gewerbeausstellung in Moabit vorstellte. Auf der sieben Stundenkilometer schnellen Bahn wurden damals immerhin 86.398 Personen befördert. Noch war die Neugier der Besucher größer als die Schnelligkeit des Gefährts. Aber das »Siemens-Mobil« war bereits in aller Munde. Angespornt durch seinen Erfolg wollte Siemens in Berlin eine Hochbahn bauen, scheiterte jedoch am Widerstand der Anlieger.

Inzwischen ging der Bau der Hauptkadettenanstalt in Lichterfelde seiner Vollendung entgegen. Die Baumaterialien mussten vom Bahnhof Lichterfelde Ost über eine eigens dafür angelegte Bahntrasse herangeschafft werden. Die Gleise führten zunächst westlich parallel zur Bahnstrecke in südlicher Richtung, dann durch die Bogenstraße, danach über freies Gelände bis zur heutigen Wiesenbaude. Die rückwärtigen Grenzen der Grundstücke an der Goethe- und Giesensdorfer Straße zeigen noch heute den ehemaligen Verlauf der Trasse. Die Bahn, die von 1873 bis 1878/79 als Güterbahn in Betrieb war, endete in der Finckensteinallee.

Siemens brauchte dringend eine Trasse für Versuchszwecke, und Carstenn musste als Initiator des Baues der Kadettenanstalt für eine unentgeltliche Beförderung der Kadetten zwischen Bahnhof und Militärgelände sorgen. Warum also nicht das Nützliche mit dem Guten koppeln? Siemens nutzte die 2,45 Kilometer lange Trasse für seine Versuche und beförderte gleichzeitig die Kadetten. So pragmatisch ging es damals noch zu!

Nach einigen Probefahrten nahm die »Electrische Eisenbahn« in Groß-Lichterfelde am 16. Mai 1881 ihren Betrieb auf. Die zehn Minuten dauernde Fahrt auf der beschriebenen Trasse kostete nun allerdings – für Zivilisten – 20 Pfennig, für Kadetten wahrscheinlich die Hälfte. Dafür fuhr die Bahn täglich nach einem festen Fahrplan im stündlichen Takt. (Solch einen Fahrplan kann man heute als Nachbildung an der Stelle studieren, wo die Morgensternstraße in die Königsberger Straße – kurz vor der Brücke – mündet.) Die Bahn fuhr mit der Spurweite von einem Meter und mit 180 Volt Gleichstrom. Als Stromleitung dienten die Schienen, Stromabnehmer waren die Räder. Der Strom kam von einer Dynamomaschine, die im Maschinenhaus des Wasserwerks nahe der Bogenstraße arbeitete. Der Elektromotor war unter dem Wagenboden angebracht. Das ermöglichte eine Höchstgeschwindigkeit bis zu 40 Stundenkilometern, erlaubt waren jedoch nur 15 bis

Die erste elektrische Straßenbahn

20 Stundenkilometer. Befördert wurden maximal 20 Personen (zwölf Sitzplätze, acht Stehplätze).

Die verwendete Technik war allerdings noch unvollkommen. Berührte man mit den Beinen beide Schienen zugleich, bekam man unweigerlich einen elektrischen Schlag. Um dieses Risiko zu minimieren, aber auch, um Stromverluste durch mangelnde Isolierung bei feuchtem Wetter zu vermeiden, wurde der Strom abgeschaltet, wenn die Bahn nicht fuhr. Bei Fahrtbeginn betätigte der Fahrer durch Seilzug eine im Kraftwerk befestigte Klingel, worauf der Strom eingeschaltet wurde.

Als die Straßenbahn am 13. August 1890 über den Kadettenweg zum Bahnhof Lichterfelde West verlängert wurde, nutzte sie bereits eine Oberleitung. Die Stromabnahme erfolgte durch Schleifbügel. Dadurch waren Passanten und Pferde beim Überqueren der Gleise nicht mehr durch mögliche Stromschläge gefährdet. Haltestellen gab es etwa alle 250 bis 300 Meter.

Verschiedentlich wird behauptet, die erste elektrische Straßenbahn der Welt sei in Frankfurt/Main und nicht in Lichterfelde gefahren. Tatsache ist, dass die erste »electrische Bahn« in Lichterfelde 1881 noch nicht hauptsächlich durch Straßen, sondern vorwiegend über freies Gelände fuhr. Die 1882/83 eröffnete elektrische Bahn zwischen Offenbach und Frankfurt führte durch gepflasterte Straßen. So ist es durchaus möglich, dass der Begriff »Straßenbahn« zuerst in Frankfurt verwendet worden war.

Im Jahre 1895 erfolgten in Lichterfelde Erweiterungen beziehungsweise Abzweigungen von der Wiesenbaude über den Hindenburgdamm Richtung Bahnhof Steglitz und vom Bahnhof Lichterfelde Ost über Jungfernstieg, Boothstraße, Ostpreußendamm, Siemens- und Albrechtstraße ebenfalls zum Bahnhof Steglitz. Im selben Jahr wurden auch die Bahnhöfe Steglitz und Südende mit einer elektrischen Straßenbahn verbunden. 1906 verkaufte die Firma Siemens & Halske ihr elektrisches Straßenbahnnetz südlich von Berlin an den Kreis Teltow.

Um die Jahrhundertwende fuhren im Berliner Raum noch 55 Pferdebahnlinien. Die letzte Pferdebahn ging 1910 zum Flugplatz Johannisthal. Daneben existierten allerdings zahlreiche Dampfstraßenbahnlinien. Eine dieser Dampfstraßenbahnlinien war die Strecke vom Bahnhof Lichterfelde Ost nach Teltow, die 1888 vom Gutsbesitzer Sabersky in Seehof eingerichtet und später nach Stahnsdorf beziehungsweise zur Machnower Schleuse verlängert wurde. Im Volksmund hieß sie »Lahme Ente«, da sie Steigungen nur mit Mühe überwinden konnte. Ihre Gleise waren der preußischen Staatsbahn angeglichen. Deshalb fuhren auf dieser Trasse auch Koksgüterzüge vom Bahnhof Lichterfelde Ost ins Depot nach Stahnsdorf, wo die Dampfstraßenbahn mit Brennstoff versorgt wurde. Damit ist auch schon die Trasse skizziert: Morgensternstraße–Ostpreußendamm–Lichterfelder Allee (Seehof und Teltow). An ihren jeweiligen Endhaltestellen mussten die Fahrzeuge gedreht werden und fuhren dann wieder zurück. Im April 1906 wurde diese private Linie für 850.000 Goldmark an den Kreis Teltow verkauft und ein Jahr darauf elektrifiziert. Später erhielt sie die Nummer »Z«, dann die Nummer »100« und ging schließlich in der Linie »96« auf, die 1900 zwischen Lichterfelde Ost und Tempelhof in Betrieb gegangen war.

Der Teltowkanal

Die Gemeinden Lichterfelde, Lankwitz und Steglitz bekamen früher oft Probleme mit ihren sumpfigen Bäke-, beziehungsweise Lankewiesen. Friedrich der Große hatte bereits den Königsgraben (Grabenstraße) als

Der Teltowkanal am Steglitzer Hafen um 1951 mit Treidelbrücke

Vorfluter anlegen lassen, der aber bald nicht mehr ausreichte. Ein neuer Graben musste her. Der Teltower Landrat Ernst von Stubenrauch regte an, diesen Graben so großzügig auszubauen, dass er auch als Wasserstraße genutzt werden konnte. Die königliche Regierung unterstützte den Plan, und so gab der Kreis Teltow der Firma Havestadt & Contag den Auftrag, einen Entwurf vorzulegen. Im März 1900 wurde die Ausführung endgültig beschlossen. Dem Kronprinzen blieb es vorbehalten, am 22. Dezember 1900 im Schlosspark von Babelsberg den ersten Spatenstich zu tun; Baubeginn war im April 1901. Der Kanal wurde zwar ohne Gefälle angelegt, hat aber durch den Grundwasserstrom eine Fließrichtung zur Havel. Während der Machnower See nur gekreuzt wurde, gingen der Teltower und der versumpfte Schönower See sowie die Bäke und andere Bäche im Kanal auf. Die Bäke, ein Rinnsal, das am Fuße des Steglitzer Fichtenberges entspringt, durchfloss eine eiszeitliche, teilweise vertorfte Wasserrinne, in der heute der Steglitzer Teil des Teltowkanals liegt. Die Torfschichten enthielten zahlreiche Hirschgeweihe, Elchschaufeln und Schädel von Auerochsen, die man beim Kanalbau fand.

Wegen des hohen Grundwasserstandes waren die Erdarbeiten auf Steglitzer Gebiet außerordentlich schwierig und zeitraubend, was besonders den Brückenbau erschwerte. Darum wurden an besonders sumpfigen Stellen auf beiden Seiten des Kanals Sandmassen angeschüttet, die den Morast in der Mitte hochtrieben, so dass er abgesaugt werden konnte. Mit dem ausgehobenen Erdreich wurden saure Wiesen in der Umgebung abgedeckt und für die Landwirtschaft nutzbar gemacht. Rund 12,6 Millionen Kubikmeter Erde (das entspricht der Trümmermasse des Zweiten Weltkrieges in Berlin) wurden beim Kanalbau bewegt. 42 Züge karrten die Erde weg; 2.700 Arbeiter, vor allem Galizier, Russen, Polen, Italiener und Kroaten, waren eingesetzt. Die Kanalsohle wurde auf eine Breite von 20 Metern angelegt, die in der Mitte 2,5 Meter tief war. Die Kosten stiegen von geplanten 25,5 Millionen auf 40 bis 50 Millionen Mark, weil vor allem die Grundstückspreise beim Bekanntwerden des Kanalprojektes extrem nach oben schnellten; sie machten fast die Hälfte der Kosten aus.

Um die Kähne durch den Kanal zu bekommen, brauchte man einen Treidelbetrieb. Große Schiffsschrauben hätten die Kanalufer unterhöhlt und möglicherweise Abrutschungen verursacht.

Der Treidelbetrieb – den Zuschlag hatten Siemens & Halske erhalten – war angeblich Vorbild für den Schleusenbetrieb des Panamakanals und wurde in vier Strecken eingeteilt. Von der Glienicker Lake bis zur Kanalmündung am Griebnitzsee errichtete man einen etwa drei Kilometer langen Propellerbetrieb. Auf der Strecke zwischen Griebnitzsee und Machnower Schleuse übernahm eine elektrische Lok das Treideln, und von der Machnower Schleuse zum Machnower See gab es noch einmal einen ungefähr 1,5 Kilometer langen Propellerbetrieb von Schleppbooten aus. In den Seen waren Fahrrinne und Ufer so weit voneinander entfernt, dass der Betrieb mit einer Treidellok unmöglich war. Auf der etwa 28 Kilometer langen Reststrecke wurde die Treidelbahn eingesetzt, die eine Höchstgeschwindigkeit von vier Stundenkilometern erreichte. Das Schleppmonopol verblieb beim Kreis Teltow, der für das Schleppen eine Gebühr erhob.

Eine restaurierte elektrische Treidellok ist am 20. Dezember 1984 im Bäkepark an der Königsberger Straße direkt an der Emil-Schulz-Brücke (die über den Teltowkanal führt) aufgestellt worden. Der Architekt Ralf Schüler, Besitzer der Lok, schenkte sie der Senatsbauverwaltung. Zum Schutz gegen Wind und Wetter ist die Lok, die von 1906 bis 1908

Otto Lilienthal in den Rauhen Bergen

im Einsatz war, in einem eigens dafür konstruierten Glashaus untergestellt. Am 2. Juni 1906 wurde der Kanal in Anwesenheit des Kaisers festlich eröffnet, zum Festessen soll es sogar Kanalforellen gegeben haben. 55 Brücken überspannten den Kanal, vier Häfen (Lichterfelde, Steglitz, Tempelhof, Britz) sorgten für eine Industrieansiedlung längs der Wasserstraße. Der Treidelbetrieb wurde noch bis zum Zweiten Weltkrieg aufrechterhalten.

Otto Lilienthal – Pionier der Luftfahrt

Weder Strom noch Schienen brauchte der wohl berühmteste Lichterfelder: Otto Lilienthal. Am 23. Mai 1848 in Anklam/Pommern geboren, baute er mit seinem Bruder Gustav, der später Architekt in Lichterfelde war, den ersten Flugapparat, der aus zwei Meter langen und einem Meter breiten Flügeln aus dünnen Buchenbrettern und Riemen für die Arme bestand. Spätere Modelle waren zwar weiterentwickelt, behielten aber Lilienthals Flugprinzip bei, auf der Luft zu »gleiten«. Seit 1886 wohnte Otto Lilienthal in Groß-Lichterfelde. In diesem Jahr hatte er das 2.500 Quadratmeter große Grundstück Boothstraße 17 für 9.300 Reichsmark erworben. Sein Bruder Gustav entwarf das Haus, und der Steglitzer Maurermeister Ernst baute es. Es war ein einfaches Landhaus, einstöckig mit Walmdach und fünf Zimmern: Wohnstube, Arbeitszimmer, zwei Schlafzimmer und Kinderzimmer. An das Haus wurde eine geräumige Werkstatt angebaut, an die sich der Garten anschloss, in dem Otto Lilienthal mit seinen praktischen Flugversuchen begann. Von einem Sprungbrett übte er 1891 täglich den Absprung, bevor er sich mit seinem Fluggerät dem Wind anvertraute. Das – vorerst – ideale Übungsgelände fand Lilienthal auf den Höhen der Rauhen Berge. Er selbst beschreibt seine Flugversuche des Jahres 1892: »Diesmal hatte ich ein Terrain zwischen Steglitz und Südende gewählt. Die hier vorhandenen Bergabhänge haben jedoch den Nachteil, dass nur der westliche Absprung möglich ist … Dennoch fand ich Gelegenheit, auch den großen Apparat im Winde wiederholt zu versuchen, und die Übung brachte mich dahin, von zehn Meter hohen, steilen Abhängen gefahrlos herabzusegeln. Zuschauer, welche am Rande des Abhanges stehend mein Unternehmen beobachten wollten und mich anfangs für einen Wagehals erklären, versicherten nach den ersten Flügen, dass diese Bewegung durch die Luft den Eindruck vollkommener Sicherheit mache und dass es ein schöner, befriedigender Anblick sei, wenn der große Apparat so ruhig dahinschwebe.«

Doch Lilienthals Versuche endeten tragisch. 1896 verunglückte er bei Flugversuchen in Stölln tödlich. Am Freitag, dem 14. August 1896, bestattete man ihn vormittags auf dem Friedhof Lange Straße. Nach dem Tode seiner Frau Agnes 1920 wurde diese an der Seite ihres Mannes beigesetzt. Die Gräber liegen etwa an der linken Seite des Hauptweges und sind seit 1952 Ehrengräber. 1902 hatte Agnes Lilienthal das Haus in der Boothstraße verkauft. Im Zweiten Weltkrieg zerstört, wurde es 1950 wieder aufgebaut. Anfang der 1970er Jahre musste es einem Altenheim Platz machen (Gedenktafel).

Ausflugslokale

Zunehmend wurde Steglitz für die Berliner ein attraktiver Ausflugsort. Nicht mehr Innenstadt, aber auch nicht fernes »jwd«, bot es für die Sonntagnachmittage genau das, was der Berliner suchte und brauchte: Natur, genussvolles Nichtstun und »ne Molle zischen«.

Das bekannteste Steglitzer Lokal war wohl der »Albrechtshof«, Nachfolger der »Stephanischen Gastwirtschaft«. Noch vor der Jahrhundertwende waren hier eine Gartenhalle und eine Orchesterbühne entstanden. Im Erdgeschoss des neuen Hauses Schloßstraße 82/83 (1904/05) wurde das Café »Kaisereiche«, in den 1920er Jahren das Konzert-Kaffee »Viktoria« und in den 1930er Jahren die »Ratsschenke« (wegen der Nachbarschaft zum Rathaus) dort eingerichtet.

Diese Lokale machten den Anwohnern – im Gegensatz zu den Besuchern – allerdings wenig Freude. Direkt betroffen waren die Nachbarn des »Albrechtshofes«, deren Wohnungen nach hinten lagen. Sie hatten oft genug Grund zur Klage wegen Lärms und auch Geruchsbelästigung, da das Lokal noch 1936/37 zwölf Schweine und 500 bis 600 Hühner hielt. Außerdem zog die Viehhaltung nach Meinung der umliegenden Mieter das Ungeziefer derart an, dass Ratten bis in die Wohnungen kamen. Dagegen führten am 3. September 1936 sechzehn umliegende Mieter auf dem 191. Polizeirevier schriftlich Klage: »Die Mieter der Häuser Kuhligshofstr. 3–5 bitten um sofortige Beseitigung des Schweinestalles im Albrechtshofgarten. Da derselbe unmittelbar an die Wohnungen grenzt, so werden die Mieter durch den Gestank belästigt, durch das Schreien der Schweine bei Tag und Nacht in ihrer Ruhe gestört, so dass auch die Gärten und Balkone nicht mehr benutzt werden können.« Obwohl der Besitzer des »Albrechtshofes« entsprechende Auflagen erhielt, rissen die Vorwürfe nicht ab. So heißt es in einer Beschwerde vom 17. Juli 1937: »Bis Nachts 3 Uhr spielt die Kaffeehauskapelle bei offenem Fenster und bei Tagesgrauen fängt der Hahn an zu krähen und Hühner zu gackern.« Selbst in den 1930er Jahren bewahrte sich Steglitz offenbar Reste seines ländlichen »Charmes«.

In der Schloßstraße 70 gab es ein Restaurant und Café, dem auch eine Kegelbahn angeschlossen war. Das als »Landhaus« bekannte Lokal existierte noch bis in die dreißiger Jahre. Richtung Botanischer Garten befand sich um die Jahrhundertwende das »Wiesenschlößchen« (Schloßstraße 64–68). Die »Kaiserhallen« standen zwischen Albrechtstraße, Bahndamm und Düppelstraße/Marktplatz; sie schlossen wahrscheinlich um die Jahrhundertwende, denn 1901 wurde auf diesem Grundstück ein Wohnhaus gebaut.

Oft hatten die Ausflügler aus Berlin bei dem üppigen Kneipenangebot die Qual der Wahl: In dem 1894 erbauten viergeschossigen Wohnhaus Kieler Straße 7/Ecke Schadenrute gab es um die Jahrhundertwende sowohl ein Restaurant als auch eine Kegelbahn. Im »Wrangelschlösschen« sorgte ein gepflegtes Lokal für das leibliche Wohl, und wer es zünftiger mochte, der konnte hinter dem 1875 erbauten Haus Schloßstraße 92 um die Jahrhundertwende einen Bürgergarten aufsuchen.

Unbedingt erwähnt werden muss das »Dampfbahnrestaurant« an der Stelle des heutigen Rathauses, der Gasthof »Zum Deutschen Haus« Schloß-/Ecke Hubertusstraße, der Gasthof »Krone«, der 1910 abgerissen wurde, das »Logenrestaurant« für bessere Kreise und das »Stadtpark-Restaurant« in der ehemaligen Villa des Fabrikanten Schultze, die 1943 zerstört wurde. Allein in der nur 500 Meter langen Schützenstraße befanden sich um die Jahrhundertwende zeitweise 14 Gaststätten, so zum Beispiel das von 1888 bis 1912 existierende beliebte »Kaffee Schimmelpfennig« mit der Hausnummer 10.

Die Gaststätten in der Schützenstraße wurden vielfach von Angehörigen der Lichterfelder Garnison besucht, deren Kaserne im Gardeschützenweg lag, der Verlängerung der Schützenstraße. Für die Lichterfelder Kadetten gab es zudem in der Finckensteinallee 5 die »Lichterfelder Festsäle«, die aus »Hennings Festsälen« und »Hertels Schützenhaus« hervorgegangen waren und die Theater- und Operettenaufführungen organisierten.

Daneben gab es natürlich noch weitere Lichterfelder Gaststätten und Ausflugslokale, so zum Beispiel das schon erwähnte »Pavillon« am Hindenburgdamm 111. Auch das »Restaurant am Karpfenteich« war in Lichterfelde ›weltberühmt‹. Schon um die Jahrhundertwende hatte es hier ein kleines Ausflugslokal gegeben. Im Adressbuch von 1913 ist es zumindest schon belegt und nannte sich »Wirtshaus am Karpfenteich«. Vor dem Ersten Weltkrieg wurde die Gaststätte großzügig ausgebaut. Im Kaffeegarten war Platz für 300 Gäste. In den 1970er Jahren zog ein Jugendfreizeitheim in die alte Gaststätte ein.

Bekannt war auch die »Wiesenbaude«, Überbleibsel der Treptower Gewerbeausstellung von 1896. Der damalige Pavillon wurde abgetragen und ein Jahr später in Lichterfelde an der heutigen Goerzallee/Ecke Königsberger Straße als Lokal wieder aufgebaut. 1943 brannte das Lokal durch Kriegseinwirkung ab, wurde aber am 1. Juni 1950 in einem vereinfachten Neubau wieder eröffnet. Dieser wurde um 2007 wieder abgerissen; hier werden nun seit dem 15. April 2008 Backwaren in einem Drive-In verkauft. Am Hindenburgdamm/Ecke Haydnstraße befand

Die Wiesenbaude in den 1960er Jahren

sich das »Café Lellau«, so benannt nach seinem Besitzer, dem auch die Lichterfelder Mühle am südlichen Ausgang der Dorfaue gehörte. Bis 1875 wurde es zum Vergnügungspark »Birkenwäldchen Steglitz« erweitert, in dem Konzert-, Theater- und Tanzveranstaltungen stattfanden, wo aber auch noch »Familien Kaffee kochen« konnten. Kegelbahnen und Turnplätze sorgten für bodenständige Unterhaltung. Bis sich Lellau aufs Altenteil zurückzog, war sein »Birkenwäldchen« nicht nur für die Lichterfelder ein Begriff. In den 1920er Jahren zerfiel es mehr und mehr, bis die Gastwirtschaft geschlossen wurde.

Das Kontrastprogramm war dagegen das »Weiße Röss'l«, ein Lokal mit bayerisch-österreichischem Flair. Seit 1936 an der Heinersdorfer/ Ecke Hildburghauser Straße zu Hause, war es eher etwas für den bürgerlichen Mittelstand. Am Bahnhof Lichterfelde West bewirtete seit September 1893 das »Wirthaus zum Hans Sachs« seine Gäste. Es befand sich in dem Eckgebäude Hans-Sachs-/Ecke Baseler Straße.

Um 1865 eröffnete Heinrich Hundertmark seinen Gasthof am Ostpreußendamm/Ecke Heinrichstraße. Er hatte dazu ein kleines, einstöckiges Haus vom Bauern Reinicke gekauft. Später erweiterte er die

Baulichkeiten und richtete ein großes Gartencafé ein, wo er Kinderfeste mit Kasperle-Theater, Karusellfahrten und Fackelzügen veranstaltete. Einen weiteren Aufschwung brachte der Bau seines Hauses am Ostpreußendamm 138 um 1891/92. Neben einer bequemen Wohnung für die Familie lagen im oberen Stock Zimmer, die er vermietete. 1904 gab Hundertmark sein gutgehendes Geschäft aus Altersgründen auf.

Julius Franke hatte sein Gasthaus um 1868 am Ostpreußendamm 129 eröffnet. 1885 ließ er einen Saal und 1893 eine Kegelbahn anbauen. In den folgenden Jahren wechselte der Gasthof häufig seinen Besitzer. Er scheint zunehmend unrentabler geworden zu sein, weshalb das Gebäude 1921 aufgestockt wurde, um Fremdenzimmer vermieten zu können. Ferner mussten Teile des Grundstücks an verschiedene Betriebe verpachtet werden. Nach dem Zweiten Weltkrieg führte es Robert Gerecht als »Restaurant Dorfaue«. 1949 bot es 128 Gästen Platz und existierte noch bis in die 1960er Jahre.

Der Gasthof an der Ecke zur Osdorfer Straße (Ostpreußendamm 131) nahm um 1873/74 seinen Betrieb auf. Eine große Musikhalle bot Möglichkeiten zu allerlei Lustbarkeiten, 1912 wurden hier sogar Filme vorgeführt. Der Betrieb schloss seine Pforten, als das Gebäude 1936/37 zu einem dreistöckigen Wohnhaus umgebaut wurde.

Als 1893 der Bahnhof Lichterfelde Süd eröffnet wurde, baute der Steinmetz Braatz neben dem Empfangsgebäude (an der Feld-/Ecke Fürstenstraße) ein kleines Gebäude. Jahre später richteten er beziehungsweise seine Erben eine Gastwirtschaft in diesen Räumen ein, die 1921 erweitert wurden. Um diese Zeit gehörte die Bahnhofsgaststätte einem Eigentümer namens Kretzschmar. Sie hielt sich dort bis in die 1950er Jahre, war aber in einem neuen Gebäude untergebracht, an den die Inhaberin Helene Greten 1952 einen Verkaufsstand anbauen ließ.

Um die alte Dorfaue herum besaß Lankwitz 1925 elf Gaststätten. Die bekannteste war sicherlich das Lokal »Zur Grünen Linde«, das sich seit 1875 an der Ecke Alt-Lankwitz/Langkofelweg befand. Im Dritten Reich wurde es zu einem SA-Lokal. In der Gaststätte »Zum alten Dorfkrug« Mühlen-/Ecke Schulstraße feierte man in den 1920er Jahren rauschende Feste. In Dorfnähe gab es außerdem die Lokale »Kroll« (es hatte mit »Kroll« am Königsplatz« beziehungsweise »Platz der Republik« nichts zu tun) und »Zum weißen Hirsch« an der Ecke Alt-Lankwitz/Mühlenstraße. Die Gaststätten »Zur Windmühle«, »Nickels Gaststätte« und der »Paradiesgarten« lagen allesamt in der Mühlenstraße.

Die Gaststätte am Bahnhof Lichterfelde Süd

Aber auch weitab der Dorfaue gab es Lokale. Gegenüber dem Luther- und Kreuzfriedhof an der Malteser Straße betrieb die Familie Peper das »Restaurant zur Erholung«. Es lag inmitten der Kornfelder, und im großen Garten saß man unter schattigen Kastanienbäumen.

Der Hotel- und Gartenlokalbetrieb »Pichler« wurde 1884 in der Leonorenstraße 18–22 gegründet. Die Familie Pichler hatte zunächst ein großes Grundstück südlich der Straße gekauft, einen Teil an Kleingärtner verpachtet und war selber in ein kleines Häuschen gezogen. Anfänglich verkauften die Pichlers hier Milch und Bier, später hauptsächlich Letzteres, woraus sich dann folgerichtig ein Gasthaus entwickelte, das mit der Eröffnung der Lankwitzer Bahnstation 1895 erst richtig aufblühte. Durch die Verbreiterung der Leonorenstraße ging später ein Teil des idyllischen Gartens verloren. 1993/94 wurde das Grundstück verkauft und die traditionsreiche Gaststätte »Pichler's Viktoriagarten« zugunsten einer modernen Wohnanlage abgerissen. Der Name erklärt sich aus dem früheren Namen der Leonorenstraße: Viktoriastraße.

Ab 1886 entstand an der Ecke Steglitzer Damm/Grabertstraße in Südende inmitten einer herrlichen Park- und Teichlandschaft das

Parkrestaurant Südende, kurz »Paresü« genannt. Bald schon war das Lokal zu einem der beliebtesten Ausflugsziele geworden. Der »Touristen-Club für die Mark Brandenburg« schrieb 1911: »Ein Tanzsaal, der elegantes Publikum bei sich empfängt; es wird nicht nach jedem Tanz gesammelt, sondern eine Tanzsperre erhoben, die sonntags eine Mark und wochentags 50 Pfennige beträgt ... Mit seinen kleinen Seen, seinen Wasserläufen, welche allerorts zierliche Brücken überspannen (Badeanstalt), mit dem schönen Park und seinem im altdeutschen Stile eingerichteten Saal, macht dieses Restaurant einen vornehmen und einladenden Eindruck.«

Die erwähnte Badeanstalt befand sich etwa am Karl-Fischer-Weg 2, wo seit 1971 ein 16-geschossiges Apartmenthaus steht. Dieser nordöstliche Teil des sogenannten Hambutten-Pfuhls wurde später zugeschüttet. Der Bademeister, ein gewisser Splettstößer, »residierte« in einem ehemaligen Güterwagen und verkaufte die Eintrittskarten, kümmerte sich aber sonst kaum um seine Badegäste, die damals noch nach Geschlechtern getrennt badeten. Im Übrigen konnte man auf den Teichen auch Ruderboot fahren. Am Ufer spielten Militärkapellen Musik von Walter Kollo und Paul Lincke.

Am 21. Dezember 1912 übernahm Franz Eschstruth das Etablissement als Pächter. An das Lokal angegliedert, mit einer Holztreppe hinunter zum Teich und in den Garten, befand sich, etwas über dem Teich hängend, eine hölzerne Stehbierhalle. Der im Volksmund »Giftbude« genannte Pavillon hieß eigentlich »Fitzner's (Bier-)Local«. Er verschwand 1929 bei einer großzügigen Umgestaltung im Zusammenhang mit Straßenumbauten. Im Ersten Weltkrieg war das Lokal ein Reservelazarett mit 300 Betten gewesen, das erst Mitte 1919 als Restaurant wiedereröffnet werden konnte. Gleichzeitig erfolgte ein Ausbau. Morastige und sumpfige Stellen des Teiches wurden zugeschüttet und durch Grünflächen ersetzt.

Nun begann für das Parkrestaurant Südende seine Glanzzeit. Der gepflegte Naturgarten war zehn Morgen groß und bot 2.000 Personen Platz. 1921 kaufte Eschstruth das Grundstück von der Terraingesellschaft. Feuerwerke, Militärkonzerte, Tanzveranstaltungen und Gondelfahrten auf dem Teich machten jetzt das »Paresü« zu einem überregionalen Anziehungspunkt. Maskenbälle und Kostümfeste fanden statt, der »Grüne Saal« mit vier Kegelbahnen wurde 1926 eröffnet. Außerdem entstand eine große Kaffeehalle mit Terrasse. 1928 wurden

Das Paresü in den 1930er Jahren

Die gleiche Blickrichtung 2011, Parkplatz eines Discounters

noch zwölf weitere Kegelbahnen für Verbände und zwei internationale Bahnen (eine Scheren- und eine Asphaltbahn) in Betrieb genommen. Die wohl größte und modernste Kegelbahn Deutschlands jener Zeit wurde von 65 Kegelvereinen mit etwa 700 Mitgliedern genutzt.

Das »Paresü« wurde am 30. Juni 1939 geschlossen, weil es geplanten neuen Güterbahnanlagen weichen sollte. Doch die Pläne kamen wegen des Krieges nicht mehr zur Ausführung. Im August 1943 wurde das »Paresü« durch jenen Krieg zerstört.

Der Wiederaufbau begann 1946, allerdings weitaus bescheidener. Der große Kaffeegarten verwilderte und die Teiche sind eher morastige Tümpel. Zum Schluss wurden die Räume als Musikcafé genutzt. Manchmal fanden auch Konzerte statt oder es wurde beim Vorentscheid zur Wahl des Mister Germany der schönste Mann aus Steglitz gekürt. Tiefer konnte das Niveau des traditionsreichen Lokals nicht sinken: Nach jahrelangem Leerstand wurde es im April 2003 abgerissen. An seine Stelle trat ein Discounter mit Parkplatz.

Vereinsmeierei

Wo ein Gasthaus steht, ist ein Verein nicht weit. Es gab ja damals weder Fernsehen und anfangs auch keine Kinos oder Theater in Steglitz, die Zerstreuung hätten bieten können. Also organisierte man sich in lokalen Vereinen und tagte dabei oft in den genannten Gaststätten – manchmal bis in die Nacht. Dabei ging es den patriotischen Einwohnern der jeweiligen Siedlungen nur darum, dass »ihr« Ort den Vereinsnamen zierte. Und es gab beinahe für jeden Geschmack einen Verein – vom Brieftaubenzüchter- bis zum Gesangverein.

Einer der ältesten Steglitzer Vereine ist der Haus- und Grundbesitzerverein Berlin-Steglitz, der am 14. Januar 1887 gegründet wurde. Der wohl bekannteste war jedoch der sogenannte »Wandervogel«, dessen Wirken auf ganz Deutschland ausstrahlte. Der am 4. November 1901 im heute nicht mehr vorhandenen Ratskeller des Steglitzer Rathauses von Karl Fischer gegründete »Ausschuß für Schülerfahrten« war zunächst kein Verein, sondern nur eine Bewegung. Interne Konflikte innerhalb des Ausschusses, dem es – vereinfacht ausgedrückt – um eine freie Jugend ohne Bevormundung durch die Erwachsenen ging, führten schon am 26. Juni 1904 zu seiner Auflösung. An seine Stelle trat der »Wandervogel«, der sich am 2. September 1904 als Verein registrieren

Der »Wandervogel« auf Wanderfahrt

ließ. Daran erinnert eine Gedenktafel, die am 4. November 1981 am Rathaus enthüllt wurde. Im Dritten Reich wurde der »Wandervogel« verboten. Erst 1951 konnte der Karl-Fischer-Bund ins Leben gerufen werden, um die Erinnerung an den »Wandervogel« wach zu halten. Er stellte ein reiches Archiv zusammen, das noch 1990 im Keller des Rathauses Lichterfelde lagerte. Der Verein »Karl-Fischer-Bund« wurde allerdings im selben Jahr aufgelöst, da er nur noch aus 24 Mitgliedern bestand.

Der älteste Verein in Lichterfelde ist der 1874 gegründete »Lichterfelder Verein«, der sich zusammenschloss, um die Interessen der Bewohner von Lichterfelde zu wahren. Ähnlichen Zwecken diente der Lichterfelder Südverein, 1893 gegründet, der sich unter anderem nachdrücklich für einen Vorortverkehr zum Bahnhof Lichterfelde Süd einsetzte.

Einer der traditionsreichsten Lichterfelder Vereine ist der »Turn- und Sportverein Lichterfelde«. Ursprünglich waren 1887 zwei Vereine gleichen Namens gegründet worden: am 28. April der »Männerturnverein Großlichterfelde« und am 18. August der »Männerturnverein

Groß-Lichterfelde«. Hinzu kam 1900 noch die »Turnervereinigung«. Am 14. Juni 1920 wurden alle drei Vereine zum »Turn- und Sportverein Lichterfelde von 1887 e.V.« zusammengeschlossen. Aus einer Fusion ging zudem 1912 der »FV Brandenburg-Lichterfelde« hervor. Seine ›Eltern‹ waren »Brandenburg 92« und »Lichterfelde 12«.

Auch das Sangesleben wurde gehegt und gepflegt. Der Musiklehrer Carl Brinkmann gründete 1882 in Steglitz den »Brinkmann'schen Gesangverein«. Über den »Männergesangsverein Eintracht«, gegründet 1884, und die »Lichterfelder Liedertafel Eintracht 1884 e.V.« gab es eine Tradition bis zum jetzigen »Männer- und Gemischter Chor Lichterfelde 1884 e.V.« Der Lichterfelder Musikverein, dessen Leiter der Musiker und Komponist Georg Schumann war, veranstaltete sogar regelmäßig Konzerte mit den Philharmonikern. Das Lichterfelder Adressbuch von 1899 nennt 22 und 1902 sogar 42 Vereine.

In Lankwitz herrschte ebenfalls eine rege Vereinsmeierei, zählte man doch 1910 schon 31 Vereine. Heute bestehen noch solch traditionelle Sportvereine wie »Wacker Lankwitz« (gegründet 1921), »BFC Preußen« (seit 1935 in Lankwitz) und »SC Lankwitz« (seit 1949). Und natürlich wurde auch tüchtig gesungen, so beispielsweise im Männergesangsverein von 1879.

Die Verbundenheit der Einwohner von Südende mit ihrem Wohnort belegt ebenfalls eine Flut von lokalen Vereinsgründungen. Sie hatten samt und sonders den Ort »Südende« im Vereinsnamen, wie zum Beispiel der »Haus- und Grundbesitzer Verein Berlin-Südende«. Sportlich konnte man sich im örtlichen Kegelclub oder in drei Turn- und Fechtvereinen tummeln. Neben dem Männer- und dem Frauenchor existierten noch der Kirchenchor und die »Südender Liedertafel«. Die Damen trafen sich im »Hausfrauen-Verein Südende« oder im »Wissenschaftlichen Frauenclub Berlin-Südende«. Außerdem gab es eine Reihe patriotischer Vereine wie die »Kameradschaftliche Vereinigung Südende«, den »Bürgerverein«, den »Zentrumsverein« oder den »Krieger-Verein-Südende«. Natürlich fehlte auch nicht ein Verein der Freiwilligen Feuerwehr, der 1892 gegründet wurde. Wenn man bedenkt, dass es sich hier nur um eine Auswahl von Vereinen handelt, Südende 1912 ganze 3.361 und 1925 erst 4.229 Einwohner zählte, dann muss wohl jeder Einwohner mindestens in einem Verein gewesen sein. Im genannten Verein der Freiwilligen Feuerwehr soll tatsächlich jeder Südender Mitglied gewesen sein.

Der Flensburger Löwe vor der Hauptkadettenanstalt

Bis 2001 gab es einen »Bürgerverein Südende e.V.«, der von 1982 bis 1999 mehrmals im Jahr den »Südender« herausbrachte, eine Zeitung mit einer Auflage von 24.000 Exemplaren, die kostenlos als Hauswurfsendung vertrieben wurde.

Grüne Lungen

Denkmale

Begonnen hatte alles im fernen Schleswig-Holstein vor fast 150 Jahren. Am 25. Juli 1850 schlugen dänische Truppen in der Schlacht bei Idstedt einen Aufstand der Schleswig-Holsteiner nieder. Der dänische Bildhauer Hermann Bissen schuf als Siegesdenkmal, aber auch als Mahnmal für die dänischen Gefallenen der Schlacht, einen gewaltigen Löwen aus Bronze, den sogenannten »Flensburger Löwen«, der auf dem Alten Friedhof im damals dänischen Flensburg aufgestellt wurde. Damit wäre die Geschichte eigentlich schon zu Ende und für Steglitz uninteressant, wenn nicht preußische Truppen im Deutsch-Dänischen Krieg 1864 das Denkmal »geklaut« hätten. Man brachte es zunächst im Hof des Zeughauses in Berlin unter. Nach dem Bau der Hauptkadettenanstalt wurde der Löwe am 1. Mai 1878 nach Lichterfelde transportiert und daselbst aufgestellt. Dort fauchte er bis zum 20. Oktober 1945, dann ging er nach Dänemark zurück und steht nun im Hinterhof des Zeughauses in Kopenhagen, während sich die Flensburger den Löwen an seinen Ursprungsort zurückwünschen. Daher ist die Löwenskulptur in Heckeshorn nicht der Original-Löwe aus der Kadettenanstalt. Der Berliner Kaufmann Wilhelm Conrad ließ 1869 vom Original im Hof des Zeughauses eine Kopie aus Zink anfertigen und das Denkmal in der Villenkolonie Alsen aufstellen. Erst 1938 wurde die Skulptur an den Großen Wannsee umgesetzt.

Wenige Jahre nach dem Tod Lilienthals 1896 errichtete man auf dem Fliegerberg an der Schütte-Lanz-Straße einen Aussichtspavillon samt Erinnerungstafel. Doch die Lichterfelder wünschten sich eine angemessenere Würdigung. Durch Spenden kam ein ansehnlicher Betrag zusammen, um das Lilienthal-Denkmal zu finanzieren, das 1914 in den Anlagen am Teltowkanal zwischen Königsberger und Bäkestraße eingeweiht wurde. Die Bronzeskulptur von Peter Bräuer stellt eine lebensgroße Ikarusfigur dar, die mit ausgebreiteten Flügeln nach oben blickt. Das war allerdings der Wissenschaftlichen Gesellschaft für Luftfahrt zu wenig. Sie wünschte sich eine würdigere Gedenkstätte, und zwar an der Stelle seines Wirkens, am Fliegerberg.

Dieses Gelände war zunächst im November 1927 für 185.000 Reichsmark von der Stadt Berlin gekauft worden. Am 14. Januar 1931 beschloss die Steglitzer Bezirksverwaltung, das Gelände zu gestalten. Der Entwurf des Architekten und Stadtbaurates Fritz Freymüller kam 1932 zur Ausführung. Er schuf eine Art Laubengang auf dem Gipfel, in dessen Mitte eine Weltkugel aus Bronze platziert wurde. Dem Hügel ist ein viereckiger Teich vorgelagert.

Die Bronzekugel wurde im Zweiten Weltkrieg eingeschmolzen und durch eine Betonkugel ersetzt. Nach dem Krieg verfiel die Anlage. Aus Notstandsmitteln wurde sie Mitte der 1950er Jahre für 85.000 DM neu gestaltet. 1990 schuf die Bildgießerei Kraas für 120.000 DM eine neue Bronzekugel, die jetzt wieder die Anlage ziert.

Mit dem Bau des Krieger-Ehrenmals im Lankwitzer Gemeindepark wurde schon 1919 begonnen, eingeweiht wurde es aber erst 1926.

Der Lilienthal-Berg vor der Umgestaltung

Geschaffen hat es ebenfalls Fritz Freymüller, ein Architekt, der das Steglitzer Stadtbild nachhaltig geprägt hat. Von ihm stammen unter anderem der Barockpavillon (1913), im Volksmund die »Käseglocke«, die Siemensvilla (1914), die Beethoven-Schule (1913/14), die Feuerwache Steglitz (1924/25), das Stadion Lichterfelde (1926/29), außerdem je ein Kinder-, Jugend- und Seniorenheim.

Gärten und Parks

Der 12,4 Hektar große Steglitzer Stadtpark, in den Jahren 1906 bis 1914 entstanden, ging aus den Gärten der Altmannschen und Veitschen Besitzungen sowie dem sogenannten Graupenschulzeschen Gelände hervor. Die Gemeinde hatte es 1905 für 500.000 Mark gekauft, um die Einwohner für die in den Mietshausvierteln fehlenden Gärten mit einer Parkanlage zu entschädigen. Die Anlage wurde nach Plänen von Rudolf Korte und Fritz Zahn als Landschaftsgarten geschaffen. Der dazugehörende Rosengarten entstand 1917. Das Restaurant aus dem Jahr 1913 wurde zwar 1943 zerstört, 1950 aber bereits wieder aufgebaut. Im

Stadtpark Steglitz, um 1912

Musikpavillon, 1990 durch einen Neubau ersetzt, finden im Sommer Konzerte statt.

Der 1910 von Carl Rimann in Lankwitz angelegte Park wurde 1911 in »Beyendorff-Park« nach dem damaligen Gemeindevorsteher benannt. 1919 wechselte der Name in »Gemeindepark«, 1933 erneut in »Beyendorff-Park«. Seit 1939 heißt die Anlage wieder »Gemeindepark« – er hat sich als der krisenfestere Name erwiesen. Außerdem entstanden in Lankwitz weitere Grünanlagen, wie zum Beispiel der Rosenthalsche Park zwischen Beethoven-, Calandrelli- und Mozartstraße, der allerdings 1908 bebaut wurde. 1910 kamen der Bernkasteler Platz am Bahnhof Lankwitz und ein Jahr später der Park am Rathaus hinzu. Die wohl älteste Lankwitzer Grünanlage ist der Park an der Kaiser-Wilhelm-/ Ecke Dillgesstraße, ein Überbleibsel des alten Lanke-Tals, das sich an der Elisabethstraße entlangzog. Seit 1908 ist der Park als Grünanlage geschützt.

Zwischen Haydnstraße und Teltowkanal liegt der 9,2 Hektar große Bäkepark, ein noch erhaltener Teil des Bäketals. Die Eduard-Spranger-Promenade ist ein 6,3 Hektar großer Park am Teltowkanal zwischen

Stadtpark Lankwitz im Winter

Königsberger und Krahmerstraße, in dem die Treidellok und das Lilienthal-Denkmal stehen.

Anfang Dezember 1989 wurde eine kleine Grünanlage in Südende zwischen Sembritzkistraße und Kottesteig in Jochen-Klepper-Park umbenannt. In diesem Zusammenhang wurde auch ein Gedenkstein enthüllt. Jochen Klepper, Jahrgang 1903, wohnte mit seiner jüdischen Frau seit 1935 in seinem Haus am Oehlertring 7. 1937 erschien sein wohl bekanntester Roman über den Preußenkönig Friedrich Wilhelm I., »Der Vater«, ein literarisches Zeugnis moralischer Integrität unter dem Hitlerregime. Als seine Familie nach Theresienstadt deportiert werden sollte, nahm er sich zusammen mit Frau und Tochter am 11. Dezember 1942 in Nikolassee das Leben. Seine erschütternden Tagebuchaufzeichnungen (»Unter dem Schatten deiner Flügel«), die 1956 posthum herausgegeben wurden, gehören zu den beeindruckendsten Dokumenten über das Dritte Reich.

Ein weiterer kleiner, nur 1,5 Hektar großer Landschaftspark (seit 1990 Ruth-Andreas-Friedrich-Park) liegt im Zuge der Zeunepromenade auf dem Fichtenberg. Von hier aus hat man einen herrlichen Blick auf die größte, schönste und wohl bekannteste Steglitzer Grünanlage, den Botanischen Garten. Bereits seit 1888 wurde die Verlegung des alten Botanischen Gartens von Schöneberg nach Dahlem diskutiert. Nach der Genehmigung durch Kaiser Wilhelm II. am 26. Juni 1897 konnte ein 42 Hektar großes Ackergelände erworben werden, das zur Domäne Dahlem gehört, heute aber zum größten Teil im Ortsteil Lichterfelde liegt. Um 1899 war die eingeleitete Verlegung so gut wie abgeschlossen. Dabei mussten nach Fertigstellung des Palmenhauses 1902 zum Teil ausgewachsene Palmen zu ihrem neuen Standort transportiert werden.

Zunächst konnte der Botanische Garten nur von den Bahnhöfen Steglitz oder Lichterfelde West aus zu Fuß oder per Droschke erreicht werden. Erst 1909 wurde zwischen diesen beiden Stationen der Bahnhof Botanischer Garten angelegt. Die Architektengemeinschaft Eldmann & Spindler entwarf ein imposantes Empfangsgebäude, in dem Wohnungen für Bahnbedienstete untergebracht waren. Das umliegende Gelände wurde in den 1920er Jahren mit zwei- bis dreigeschossigen Reihenhäusern und drei- bis viergeschossigen Gebäuden bebaut. Der Botanische Garten verstand sich aber neben der Erholungsfunktion auch als wissenschaftliche Institution. Anlässlich der offiziellen Eröffnung am 24./25. Mai 1910 ist gleichfalls das Botanische Museum seiner Bestimmung übergeben worden. Es wurde 1943 von einer Sprengbombe getroffen, die die über 300-jährige Pflanzensammlung und die Bibliothek mit 80.000 Bänden und 200.000 Sonderdrucken völlig vernichtete. Die Schauräume brannten als Folge eines Luftangriffes 1944 aus. Das Museum ist in den 1950er Jahren wieder aufgebaut worden; Umbau- und Sanierungsmaßnahmen schufen in den Jahren 1985 bis 1987 neue Gebäude für die Pflanzensammlung und die Bibliothek.

Neben dem Botanischen Garten entstand um die Jahrhundertwende an der Lichterfelder Chaussee (Unter den Eichen) das Materialprüfungsamt. Bereits 1876 als Versuchsanstalt gegründet und 1879 in eine Hochschule in Charlottenburg umgewandelt, erhielt die Institution 1902 bis 1904 mit dem Bezug des roten Backsteinbaus in Lichterfelde den Namen »Königliches Materialprüfungsamt der Technischen Hochschule Berlin in Groß-Lichterfelde«. Aus dem »Königlichen« Amt wurde 1918 ein »Staatliches«. Heute firmiert es unter dem Namen »Bundesanstalt für Materialforschung und -prüfung« (BAM).

Der Botanische Garten, 2010

Badespäße

In den 1880er Jahren setzte eine Bewegung ein, die man getrost als einen Vorläufer des Tourismus bezeichnen kann. Luftbäder kamen in Mode, und besonders Mutige wagten sich auch in die damals noch klaren Fluten der märkischen Seen. Obwohl ein beliebter Ausflugsort, konnte Steglitz in Bezug auf Badefreuden jedoch mit Wannsee oder Köpenick nicht mithalten. Ortsansässige nutzten zumeist Dorfteiche und Seen im Bereich der Bäke zum Baden. In Steglitz war der Dorfteich an der Birkbuschstraße jenseits der Bahn die bevorzugte Badestelle. Er hatte allerdings gefährliche Untiefen, und so sind damals mehrere Personen und sogar zwei Pferde ertrunken.

Um 1870 hatte der Landwirt Schröder (Schloßstraße 70) den Teich gepachtet, um Fische darin zu züchten. Mit der Zeit gehend, richtete er gleichzeitig am Ufer eine verschlossene, zweiteilige Bretterbude ein, so dass man – gegen Entgelt – züchtig in einer Badezelle baden konnte. Etwa um die Jahrhundertwende wurde der Teich zugeschüttet. An seiner Stelle entstand eine Grünanlage, der Carmerplatz, der 1987 anlässlich der 750-Jahrfeier Berlins nach dem originalen Vorbild neu gestaltet wurde.

Die erste Steglitzer Schwimmschule wurde am 2. Juli 1887 unweit des Dorfteiches an der heutigen Oberlinstraße eröffnet. Das Bad war noch nach Geschlechtern getrennt, verfügte aber schon über Sprungeinrichtungen. Vom Bahndamm her war die Einsicht durch Bäume, Fahnen und Leinwandflächen versperrt.

Das erste Sommerbad in Lichterfelde hatte Carstenn aufgrund von Auflagen für die Kadetten einzurichten. Er kaufte einen Teil des nördlichen Ufers des Teltower Sees (gegenüber von Seehof, heute Teltowkanal) und eröffnete dort 1872 das sogenannte Aegirbad.

Im Groß-Lichterfelder-Anzeiger erschien am 10. Juni 1888 folgende Anzeige: »Gr.-Lichterfelde, den 8. Juni 1888. Hierdurch erlaube ich mir die ergebene Mittheilung zu machen, dass ich in der Nähe der Restaurants Pavillon und Masurath unter der Firma: Kaiser-Friedrich-Bad eine Schwimm- und Badeanstalt eröffnet habe. Die Anstalt entspricht in jeder Beziehung allen Anforderungen der Neuzeit und bitte ich die geehrten Bewohner unseres Ortes meinem Unternehmen ihr gütiges Wohlwollen zu schenken. Hochachtungsvoll C. Schulze.« Das Bad befand sich auf einem Grundstück an der Bäkestraße am linken Ufer der Bäke, etwa gegenüber dem heutigen Sommerbad Lichterfelde. Es hatte zwei Becken (eines für Damen, eines für Herren) mit einer Länge von 52 und einer Breite von 14 beziehungsweise 13 Metern. Die Herrenabteilung hatte 15, die Damenabteilung 13 »Zellen« als Umkleidekabinen. Jede Abteilung war außerdem mit Duschvorrichtung und Einzelbädern ausgestattet. Das Wasser soll aus drei Quellen gekommen sein. Die Beckenboden waren mit Kies ausgelegt, im Nichtschwimmerbereich lag unter dem Kies noch Torf, was dem Wasser mitunter eine trübe Färbung gab. Mit dem Bau des Teltowkanals (1901–1906) wurde das Bad geschlossen.

Kurz nach Eröffnung des Kaiser-Friedrich-Bades entdeckte der Hauptmann a.D. Max Drake auf seinem Grundstück am Hindenburgdamm 5a/6 im Jahre 1890 eine Solquelle. Obwohl der Salzgehalt für eine anerkannte Kurquelle zu gering war, legte Drake einen Kurpark an und eröffnete sein Bad am 8. Juli 1891. Anfangs gab es nur ein kleines hölzernes Badehaus mit fünf Wannen. Aber schon 1892 wurde das Bad wegen des großen Erfolges um zehn Kabinen erweitert. Abends spielte die Militärkapelle der Kadettenanstalt im Kurpark. 1899 wurde das Eta-

Das Kaiser-Friedrich-Bad, um 1895

blissement offensichtlich geschlossen, denn in das Badehaus zog ein Restaurant. 1905 mutierte das Badehaus zum Wohn- und Bürogebäude. Kurpark und Gebäude existieren heute nicht mehr.

Nicht weit davon entfernt, am Hindenburgdamm 9–10, öffnete 1907 das »Frei- und Familienbad am neuen Teltow-Canal in Lichterfelde« seine Pforten. Angeschlossen war ein Restaurant mit großem Kaffeegarten, das 500 Personen Platz bot. Wegen Schäden durch einen Bombenangriff im Zweiten Weltkrieg musste das Bad 1943 schließen. Es wurde im Mai/Juni 1954 mit einer Bademodenschau wiedereröffnet. Doch schon zu Beginn der 1980er Jahre zeigten sich gravierende Schäden. Durch den morastigen Untergrund hatten sich die Becken abgesenkt, was zu Rissen führte. Die Berliner Bäderbetriebe sanierten die ganze Anlage zwischen 1997 und 1999 für 4,25 Millionen Euro: Die drei neuen Becken und ein Saunabereich lagern nun auf 185 Pfählen. Weil das Bad so klein war, wurde es vom Volksmund liebevoll »Spucki« (Spucknapf) genannt.

1904 beschloss die Gemeinde Steglitz, in der Bergstraße ein eigenes Stadtbad zu errichten. Baubeginn war 1906. Am 8. Juli 1908, konnte das Bad eröffnet werden, wobei die Baukosten um 88.000 Mark höher lagen als veranschlagt. Fünf Jahre später wurde die Heilbäderabteilung durch die »Abteilung für Frauen« mit russisch-römischen Bad erweitert. 1916 musste die ganze Anlage aus kriegswirtschaftlichen Gründen geschlossen werden. Statt badender Menschen lagerten hier nunmehr Kartoffeln, Gemüse, Obst und Fisch. 1919 konnte die Heil- und Wannenabteilung, 1920 die Jugendstil-Schwimmhalle wiedereröffnet werden. Im Zweiten Weltkrieg musste das Bad 1940 wegen Kohlenmangels erneut geschlossen werden. Seit November 1945 wurde es nach und nach wieder in Betrieb genommen. Der Landeskonservator stellte es 1982 unter Denkmalschutz.

Es wurde 2002 geschlossen; seit 2004 ist es ein privat organisierter kultureller Treffpunkt für Lesungen, Theateraufführungen, Konzerte usw. Am bekanntesten von allen Bädern des heutigen Bezirkes ist jedoch das Freibad am Insulaner; es geht auf ein Licht-, Luft- und Sonnenbad zurück, das der 1886 gegründete Steglitzer Verein für Gesundheitspflege und Naturheilkunde 1903 in den Rauhen Bergen einrichtete. Als dort der Wasserturm errichtet wurde, musste man 1915 etwas weiter östlich auf ein Ersatzgelände ausweichen. Doch auch hier konnte man nicht bleiben – eine Friedhofserweiterung verdrängte die Luftbader erneut. Etwa 1921 nutzte man ein Gelände nördlich des Oehlertringes. Mit der Anlage eines Schwimmbeckens 1924 wandelte sich das »Luftbad« zum »Schwimmbad«. Nach dem Zweiten Weltkrieg wurde es 1956/57 grundlegend umgebaut und überholt, die alten Anlagen abgetragen. Ursprünglich geplante Tribünen für 1.500 bis 2.000 Zuschauer sind allerdings nicht verwirklicht worden. Am 15. Mai 1958 öffnete dann das neue Bad am Insulaner seine Pforten. 1960 konnte das Gelände der Liegewiese gleichzeitig mit dem Bau des Munsterdammes beträchtlich erweitert werden.

Friedhöfe

Vom Friedhof war gerade schon die Rede. Jahrhundertelang hatte man die verstorbenen Dorfbewohner auf den Friedhöfen beerdigt, die um die kleinen Dorfkirchen angelegt worden waren. Mit der steigenden Bevölkerungszahl nahm auch die Anzahl der Beerdigungen zu. Zwischen 1875 und 1879 entstanden vier neue Friedhöfe: Als Ersatz für den Steglitzer Dorffriedhof an der Schloßstraße wurde 1875 in den Rauhen Bergen an der Bergstraße der neue Steglitzer Friedhof angelegt. Bereits ein Jahr zuvor war die erste Kapelle errichtet worden. 1904 wurde eine zweite erbaut, die aber nicht mehr erhalten ist. Auf diesem Friedhof

Das Freibad am Insulaner in den 1950er Jahren

ruhen neben den Steglitzer Bauernfamilien der Landschaftsmaler Walter Leistikow (1865–1908), der Begründer der Wandervogel-Bewegung Karl Fischer (1881–1941) und Günther Freiherr von Hünefeld (1892–1929). Er überquerte als erster Flieger den Atlantik in Ost-West-Richtung und verbrachte seine Jugend in Südende. Auch Franz Amrehn (1912–1981), unter Otto Suhr und Willy Brandt von 1955–1963 zweiter Bürgermeister, ist hier begraben sowie der Schauspieler und Kabarettist Ewald Wenck (1891–1981), ein Steglitzer Urgestein, der als Mitwirkender bei »Günter Neumann und seine Insulaner« oder als »ältester Discjockei der Welt« in »Ewalds Schlagerparade« nicht nur Steglitzern ein Begriff geworden ist. Auch Eberhard von Brauchitsch, ehemaliger Manager beim Flick-Konzern, fand hier am 22. September 2010 mit seiner Frau Helga seine letzte Ruhe. Beide setzten, schwer erkrankt, mit Hilfe einer Sterbehilfe-Organisation am 7. September 2010 in Zürich ihrem unerträglichen Dasein ein Ende.

Der Friedhof in der Lichterfelder Moltkestraße, auf dem Heinrich Seidel begraben ist, wurde 1876 für das westliche Lichterfelde angelegt. Hier liegen auch der Botaniker Paul Ascherson (1834–1913), der seit 1860 am Botanischen Garten tätig war und wegen seines Universalwissens bei seinen Schülern als wandelndes Lexikon galt, sowie der Volkswirtschaftler und Politiker Joachim Tiburtius (1889–1967).

Mit der Schließung des Dorffriedhofes Lankwitz wurde am Ende des heutigen Langkofelweges 1878 eine neue Begräbnisstätte eingerichtet, obwohl die letzte Beisetzung auf dem Dorffriedhof noch 1908 stattfand. Der »neue« Friedhof existierte allerdings nicht lange. Bereits 1930 wurde er geschlossen, auch wenn es hier 1943 noch einmal Bestattungen gab, und schließlich 1980 abgeräumt. Einige Grabplatten wurden zur Dorfkirche gebracht. Heute steht auf dem ehemaligen Friedhofsgelände eine Kindertagesstätte.

Den Friedhof an der Langen Straße legte man 1879 für das östliche Lichterfelde an. Auf ihm ruhen Otto Lilienthal und der ehemalige Berliner Oberbürgermeister Arthur Johnson Hobrecht (1824–1912). Begraben ist hier ebenfalls Erna Graff (1906–1988). Bis 1933 eine vielversprechende Wagnersängerin, begann ihre eigentliche Karriere erst nach dem Zweiten Weltkrieg, als sie sich im Tierschutz engagierte, das Tierheim Lankwitz gründete und als Präsidentin des Tierschutzvereins für Berlin und Umgebung bis zu ihrem Tode wirkte.

Die Lankwitzer Dreifaltigkeits-Kirchengemeinde richtete 1899 ihren eigenen Friedhof an der Paul-Schneider-Straße ein. 1903 fand hier die erste Beerdigung statt. Auch der Friedhof an der Malteser Straße war zunächst für Lankwitz gedacht, wurde aber 1900 an die Schöneberger Luther-Gemeinde verkauft. Hier liegt unter anderem die »Harfenjule« begraben, mit bürgerlichem Namen Louise Schulze (1829–1911). Die von Geburt an blinde Frau heiratete 1865 den Marionettenspieler Emil Nordmann und reiste mit ihm und seinem Kasperle-Theater über die Dörfer. Nach dem Tod ihres Mannes kam Louise Nordmann nach Berlin und zog mit einer Harfe, ähnlich einem Leierkastenmann, über Berliner Hinterhöfe und sang dazu. Neben dem Friedhof der Luther-Gemeinde entstand 1930 der Kreuz-Friedhof der Lankwitzer Kirchengemeinde.

Der Parkfriedhof am Thuner Platz in Lichterfelde wurde zwischen 1908 und 1911 auf ehemaligem Acker- und Brachland mit teils dichtem Baumbestand eingerichtet. Das 6,95 Hektar große Gelände war im Besitz der Terrain-Gesellschaft Groß-Lichterfelde und wurde 1906 von der Gemeinde gekauft. Für die Anlage schrieb man 1907 einen Wettbewerb aus, den der Magdeburger Gartenarchitekt Friedrich Bauer

Der Brunnentempel, Parkfriedhof Lichterfelde

1908 gewann. Hauptelement seines Entwurfes war die Hauptachse mit Blickfang auf den Brunnentempel. Die parkartige Talwiese, eine ehemalige Sandgrube, wurde frei von Gräbern gehalten. Ein geplantes Mausoleum ist allerdings genauso wenig realisiert worden wie die 1928 entworfene mehrstöckige, abgetreppte Urnenpyramide. Man betritt den Friedhof ohne Blick auf Gräber. Rechts vom Eingang steht die Kapelle mit 150 Plätzen und einem 16 Meter hohen Turm. Die erste Beisetzung fand am 5. November 1911 statt. In den Jahren 1923, 1925 und 1931 kam es zu weiteren Geländekäufen, so dass die Fläche heute 20,3 Hektar groß ist.

Bekannte Persönlichkeiten wurden auf dem Friedhof beigesetzt, so Bischof Otto Dibelius, der in Lichterfelde wohnte. Der von den Nazis 1934 ermordete ehemalige Reichskanzler Kurt von Schleicher hat hier seine Grabstelle ebenso wie der Lankwitzer Bürgermeister Rudolf Beyendorff sowie die Steglitzer Bürgermeister Karl Buhrow (abgeräumt am 30. August 2006) und Martin Sembritzki. Nicht zu vergessen der Verleger Walter de Gruyter, die Schulgründer Berthold Otto und Adelheid Krahmer, Otto Lilienthals Bruder Gustav sowie Carl Eugen Mampe, der bekannte Likör- und Spirituosenfabrikant, der Historiker Eduard Meyer und der Schriftsteller Arthur Moeller van den Bruck, der mit seinem 1923 erschienenen Werk »Das Dritte Reich« den Nationalsozialisten ein unrühmliches Schlagwort geliefert hatte.

Öffentliche Bauten

Die Hauptkadettenanstalt

Obwohl das preußische Kadettenkorps »Corps de Cadet« bereits am 1. September 1717 von Friedrich Wilhelm I. gestiftet worden war, wurde erst 1776 der Grundstein für eine Kadettenanstalt in der heutigen Berliner Littenstraße gelegt. 1779 fertiggestellt, erwies sich der Bau im Laufe der Jahre als zu klein.

Carstenn hatte die Idee, die stagnierende Entwicklung seiner Kolonie durch die Verlagerung der Hauptkadettenanstalt nach Lichterfelde zu beschleunigen. Diese Entscheidung bereute er später bitter, denn die damit verbundenen Verpflichtungen ruinierten ihn. Im Juni 1869 besichtigte der preußische König Wilhelm I. das Gelände. Obwohl noch ein anderes Grundstück in Charlottenburg zur Diskussion stand, fiel die Wahl 1871 auf Lichterfelde, da Carstenn sich bereit erklärt hatte, der Militärverwaltung die 93 Morgen Land im Wert von etwa einer Million Taler zum Bau der Hauptkadettenanstalt zu schenken. Im Schenkungsvertrag vom 23. Oktober 1871 verpflichtete er sich, für einen entsprechenden Verkehrsanschluss zu sorgen.

In Deutschland gab es insgesamt acht Voranstalten. Die Hauptanstalt sollte nun in Lichterfelde entstehen; der Grundstein wurde am 1. September 1873 in Anwesenheit des Kaisers gelegt. Das mitunter genannte Datum »2. September 1872« ist falsch. Die Bauarbeiten konnten erst 1878 abgeschlossen werden. Der Umzug der Kadetten erfolgte im August 1878.

Die Anlage war nach Plänen von August Ferdinand Fleischinger und Gustav Voigtel in rötlichem Backstein errichtet worden. Der Haupteingang – nach Süden projektiert – lag an der Finckensteinallee im Norden, weil dort die Straßenbahn hielt. Das Hauptgebäude enthielt neben Dienstwohnungen der Oberbeamten und Hauptlehrer auch zwei Kirchen. Die katholische Kapelle lag über dem evangelischen Kir-

Parade auf dem Gelände der Hauptkadettenanstalt

chenschiff, das mit Empore 800 bis 900 Gottesdiensteilnehmern Platz bot. Durch weitere Kuppelaufbauten ergab sich die Form des »Kadettendoms«, die vom Erzengel Michael mit erhobenem Schwert gekrönt wurde – jahrzehntelang ein Wahrzeichen von Lichterfelde. Die Figur wurde möglicherweise von den Nationalsozialisten eingeschmolzen. Wie es heißt, soll mit dem so gewonnenen Geld die Schwimmhalle gebaut worden sein. Dem Erzengel hatten einmal einige besonders übermütige Kadetten in einer Nacht des Jahres 1911 ein Nachthemd übergestülpt. Der Kaiser habe, so hieß es, den Schuldigen dafür mit drei Tagen Arrest bestraft und ihn anschließend zum Kadetten-Unteroffizier befördert. Anderen zeitgenössischen Berichten zufolge wurden der oder die »Täter« nie ermittelt.

Unterrichts- und Wohngebäude bildeten einen Innenraum, auf dem sich Exerzier-, Spiel- und Paradeplatz befanden; weitere Gebäude wie Speisesaal, Pferdestall, Turnhalle und Lazarett vervollständigten die Anlage. Die Baukosten betrugen 9.115.000 Mark. An der Breitseite der Kadettenanstalt nach Süden (Goerzallee) lag ein Exerzierplatz, der später vom US-Militär als Sportplatz mit Hindernisparcour ge-

Die evangelische Kirche der Hauptkadettenanstalt

nutzt wurde. Zur Kadettenanstalt gehörten auch Schießstände und die Schwimmanstalt am Teltower See.

In der Hauptkadettenanstalt wurden annähernd eintausend ältere Kadetten ausgebildet, die die Vorkorps durchlaufen hatten, in die man mit zehn Jahren eintrat. Vormittags wurden Geschichte, Geografie, Mathematik, Englisch, Französisch, Deutsch und Latein unterrichtet, am Nachmittag standen Sport und militärische Übungen auf dem Stundenplan. 1911 sorgten sich 72 Offiziere als militärische Erzieher und 41 zivile Professoren als Lehrer um die vaterländische Erziehung der Kadetten. Dazu kamen noch drei Geistliche und drei Ärzte. Die Kadetten selbst rekrutierten sich hauptsächlich aus Adels- oder Offiziersfamilien. Viele Absolventen übernahmen später hohe Positionen in Staat und Militär, so z.B. Manfred Freiherr von Richthofen, Jagdflieger im Ersten Weltkrieg, der von 1909 bis 1911 Kadett in Lichterfelde war. Ein anderer berühmter Absolvent war Generalfeldmarschall Erwin von Witzleben. Als einer der Beteiligten am Attentat auf Hitler am 20. Juli 1944 wurde er vom Volksgerichtshof zum Tode verurteilt und in Plötzensee gehängt.

Nach den Bestimmungen des Versailler Vertrages (Artikel 176) musste die Kadettenanstalt nach dem Ersten Weltkrieg aufgelöst werden. Am 9. März 1920, dem Todestag des 1888 verstorbenen Kaisers, fand in der Kadettenanstalt die große Abschiedsparade unter Teilnahme zahlreicher ehemaliger Absolventen und Militärs statt. Seit dem 5. Mai 1920 nutzte die Staatliche Bildungsanstalt der Hans-Richert-Oberschule die Anlage und machte aus Kadetten zivile Gymnasiasten. Hans Richert (1869–1940) war ein Schulreformer. Eine andere Quelle berichtet, das Gelände sei auch vom Wilhelm-Gymnasium und der Polizei-Fahrbereitschaft belegt gewesen.

1937/38 baute man auf dem Gelände eine heute noch genutzte Schwimmhalle. Sie war seinerzeit das größte Hallenbad Europas und gewann im Architekturwettbewerb den ersten Preis bei der Wassersportausstellung in Lüttich. Das denkmalgeschützte Bad an der Finckensteinallee 73 wurde 2006 stillgelegt, soll aber umgebaut und modernisiert werden.

Die Kirchen

Die ersten Kirchen in den Dörfern waren kleine, aus Feldsteinen erbaute Dorfkirchen. In Steglitz stand die nur 72 Plätze zählende Dorfkirche vor dem Gemeindehaus aus dem Jahre 1930, etwa in der Mitte des Dorffriedhofes. Steglitz hatte aber 1864 schon 1.046 und 1878 6.076 Einwohner. Einer behördlichen Vorschrift nach hätte die Kirche Raum für vier Neuntel der Einwohnerzahl bieten sollen. Das führte natürlich zu Spannungen um die Sitzplätze zwischen den alteingesessenen Einwohnern und den neu Hinzugezogenen, denn es war damals üblich, dass jeder in der Kirche seinen angestammten Platz hatte.

In einem Bericht von 1853 heißt es über die Dorfkirche von Steglitz: »In der Filiale Steglitz ist die Kirche zu klein, sehr schmutzig und droht einzufallen.« Schon ein Jahr später musste der baufällige Turm abgetragen werden. Kurioserweise beschäftigte sich sogar Seine Majestät mit der klapprigen Dorfkirche. Der architekturinteressierte Friedrich Wilhelm IV., der ja auf den Fahrten zwischen Potsdam und Berlin regelmäßig an dem Gebäude vorbeikam, fertigte 1842 eigenhändig Skizzen zum Um- und Ausbau der Kirche an.

Die schnell wachsende Einwohnerzahl machte einen Neubau dringend erforderlich. So entstand als erster Kirchenneubau in Steglitz seit

Die Steglitzer Dorfkirche, kurz vor dem Abriss 1880/1881

dem Mittelalter hinter dem Dorffriedhof das in den Jahren 1876 bis 1880 nach einem Entwurf von Kreisbauinspektor Emil Gette († 1887) erbaute Gotteshaus. Es bot bis zu 1.200 Sitzplätze, obwohl zum sonntäglichen Gottesdienst (1882) »nur« 300 bis 500 Besucher erschienen. Der 68 Meter hohe Turm wurde zum neuen Wahrzeichen des Ortes. Erst um 1911/12 erhielt die neue Kirche den Namen des Evangelisten Matthäus. Die alte Dorfkirche war somit überflüssig geworden. Nachdem das ungefähr 600 Jahre alte Kirchlein »ausgeschlachtet« worden war, wurden Orgel und Bänke versteigert, Steine und Holzplatten nach dem Abriss 1881 verkauft.

Für die nächsten 17 Jahre sollte dies der einzige Kirchenbau in Steglitz bleiben. Erst 1897 kam mit dem Bau der Petruskirche in Lichterfelde eine weitere hinzu, der bis 1904 drei evangelische und zwei katholische Kirchen folgten. Am dringendsten brauchte Groß-Lichterfelde eine neue Kirche; die kleinen Dorfkirchen reichten längst nicht mehr aus, denn zwischen 1871 (989) und 1895 (fast 16.000) hatte sich die Einwohnerzahl versechzehnfacht! Ursprünglich sollte die neue Kirche auf dem Marienplatz gebaut werden. Man entschied sich dann aber doch für den damaligen Wilhelmplatz (seit 1939 Oberhofer Platz). Dieses Gelände war größer, so dass die architektonische Wirkung besser zur Geltung kam.

Am Himmelfahrtstag 1897 war Grundsteinlegung für die Petruskirche, die nach den Plänen des Architekten Goldbach als neugotische Hallenkirche errichtet worden war. Ausgeführt wurde der Bau von der Firma Mertens in der nahen Ferdinandstraße. Für die Wände hatte man Klosterziegel (größer als Klinkersteine) genommen, das Dach und der 60 Meter hohe Turm waren mit roten Glanzziegeln gedeckt. Zur Auflockerung der Flächen dienten Bänder mit goldgetönten Ziegeln; dieser Schmuck wurde im Zweiten Weltkrieg leider zerstört. Der neugotische Altar bestand aus Eichenholz. Die große Rosette im Altarraum mit der schönen, farbenprächtigen Bleiverglasung hatte die Kaiserin gestiftet. Eingeweiht wurde die Kirche am 2. Advent 1898. Zu der Zeit war bereits das nächste Gotteshaus in Lichterfelde, die Pauluskirche im Bau. Fritz Gottlob hatte die – nunmehr – größte Kirche von Lichterfelde ebenfalls im neugotischen Stil des 14. Jahrhunderts entworfen. Im Juni 1898 wurde der Grundstein gelegt, die Einweihung fand am 2. Juni 1900 statt. Die alte benachbarte Dorfkirche blieb im Gegensatz zu der in Steglitz erhalten. Schon vier Tage später stand die Besichtigung der Kaiserin, »Kirchenjuste« genannt, ins Haus.

Durch den wachsenden Bedarf an Kirchen war Ende des 19. Jahrhunderts eine Kirchenbaubewegung entstanden, die einer Initiative von Prinz Wilhelm, dem späteren Kaiser Wilhelm II., besonders aber dessen Frau Auguste-Viktoria zu verdanken war. Dieses kaiserliche Engagement entsprach allerdings weniger frommen als vielmehr politischen Motiven: Die Menschen sollten durch die Kirche zu gottesfürchtigen Gläubigen und eifrigen Monarchisten erzogen und so vor den Einflüssen der Sozialdemokratie »geschützt« werden. Ein bald gegründeter Verein unterstützte den Bau neuer Kirchen, so dass bis 1914 in Berlin insgesamt 100 neue Kirchen, davon 25 katholische, gebaut wurden.

Zur gleichen Zeit entstand auch die erste katholische Kirche in Steglitz. Nachdem die Steglitzer Katholiken seit 1882 in einem Tanzsaal in der Deitmerstraße 12 ihren Gottesdienst abhielten, erwarben sie drei Jahre später das Grundstück Kieler Straße 11 und bauten darauf eine kleine Kapelle. Am 20. August 1899 konnte auf diesem Grundstück der Grundstein für die neue Kirche gelegt werden. Das Gotteshaus

Die Rosenkranzbasilika

mit 1.080 Plätzen, das den Namen »Rosenkranzkirche« erhielt, wurde am 11. November 1900 geweiht. Die besonders reiche Ausmalung der Kirche begann 1906, konnte aber erst 1930 beendet werden. 1950 wurde die Kirche vom Papst zur »Basilica minor« erhoben. Sie ist damit nach der St. Hedwigs-Kathedrale die ranghöchste katholische Kirche in Berlin. Der Architekt des Bauwerkes war Christoph Hehl, seinerzeit Professor für mittelalterliche Baukunst an der TH Charlottenburg. Er entwarf auch die katholische Kirche zur Heiligen Familie in der Lichterfelder Kornmesserstraße, die 1904 erbaut wurde.

Ebenfalls 1904 begann der Bau der evangelischen Dreifaltigkeitskirche in Lankwitz nach Plänen Ludwig von Tiedemanns. Auf dem heute zentral gelegenen Grundstück an der Kaiser-Wilhelm-/Ecke Paul-Schneider-Straße, damals noch freies Feld, hatte man bereits am Geburtstag der Kaiserin, dem 22. Oktober 1903, mit den Ausschachtungsarbeiten begonnen. Der Grundstein wurde am 26. Juni 1904 gelegt. Zu den Kosten steuerte die königlich-preußische Regierung 112.500 Mark bei. Der Rest wurde von der evangelischen Kirche aufgebracht. Außerdem nahm die Gemeinde ein Darlehen auf und stifte-

Die evangelische Johannes-Kirche in Lichterfelde

te Glocken und Fenster. Die 60 Meter hohe Kirche aus Rüdersdorfer Kalkstein mit etwa 900 Sitzplätzen wurde im märkischen Baustil des 15. Jahrhunderts errichtet. Sakristei und eine kleine Halle als Versammlungsraum sind angebaut. Auf die erste Kirchenbauphase zwischen 1897 und 1904 folgte zwischen 1911 und 1914 eine zweite. In Südende wurde am 14. März 1913 die evangelische Kirche an der Ellwanger Straße mit 350 Plätzen in Dienst genommen, die durch die reiche Verwendung von Muschelkalkstein bestach. Im benachbarten Steglitz entstand 1911/12 auf dem Markusplatz die gleichnamige Kirche. Die Architekten Peter Jürgensen und Jürgen Bachmann bauten dabei eine direkte Verbindung der Kirche mit zwei Dienstgebäuden. Markantes Merkmal ist der Glockenturm mit Zeltdach. Ebenfalls 1911/12 wurde die erste katholische Kirche in Lankwitz, die Mater Dolorosa, in der Kurfürstenstraße gebaut. Architekt war wieder, wie bei den katholischen Kirchen in Steglitz und Lichterfelde, Christoph Hehl. Nach dessen plötzlichem Tod am 20. August 1911, also noch vor der Grundsteinlegung, wurde der Bau von Carl Kühn vollendet und am 22. September 1912 eingeweiht. Die Gemeinde wurde 1925 selbstständiger Pfarrbezirk.

Der Vollständigkeit halber seien hier noch die Johannes- und die Lukaskirche erwähnt. Erstere wurde 1913/14 nach Plänen von Kuhlmann erbaut. Aufgrund des ungünstig geschnittenen Grundstücks entschied man sich zu einem Rundbau mit Kuppel. Am Einweihungstag, dem 31. Oktober 1914, war der Erste Weltkrieg schon im Gange. Die Kaiserin hatte der Kirche unter anderem ein Kruzifix und zwei Altarleuchter aus Goldbronze, ein großes Taufbecken aus Silber und eine Altarbibel mit persönlicher Widmung gestiftet. Die Lukaskirche am Friedrichsruher Platz/Ecke Schönhauser Straße wurde 1914 bis 1918 erbaut. Ihr mächtiger Turm aus Granitsteinen wirkt dabei eher wie eine Burg. Erst 1927 entstand an der Südend-/Ecke Filandastraße die Dreieinigkeitskirche; ab 1930 begann der Bau der Martin-Luther-Kirche in der Lichterfelder Hortensienstraße. Die katholische St. Annenkiche am Gardeschützenweg, ebenfalls in Lichterfelde, besteht seit 1936.

Die Rathäuser

Das erste Rathaus im Bezirk Steglitz leistete sich die 1878 gegründete Gemeinde Groß-Lichterfelde, da die Privaträume des Amtsvorstehers Wilhelm Schmidt (†1906) am Ostpreußendamm 128 in Giesensdorf nicht mehr ausreichten (um 1959 abgerissen). Später hatten die Gemeindevertreter in einem Raum des Bahnhofs Lichterfelde Ost getagt, dann in der Aula des Gymnasiums. So entstand zwischen 1892 und 1894 ein Rathaus mit einem repräsentativen Turm in einem künstlich geplanten Ortsmittelpunkt. Entworfen wurde das rote Backsteingebäude im Stil der Neugotik von Baurat Bohl. Die Baukosten beliefen sich auf 260.000 Mark. Erweiterungsbauten wurden in den Jahren 1914 bis 1917 nach den Plänen von Meurer und Tietzen errichtet. Der Altbau wurde im Zweiten Weltkrieg zerstört, die Erweiterungsbauten sind von 1950 bis 1953 wieder instandgesetzt worden und dienten bis Mitte der 1990er Jahre der Steglitzer Bezirksverwaltung. Durch Zusammenlegung von Abteilungen konnte die Steglitzer Volkshochschule ab 1998 im Gebäude untergebracht werden (Goethestraße 9–11). Lichterfelde stand gewissermaßen am Anfang einer Entwicklung, denn zwischen 1890 und 1916 sind immerhin 17 neue Rathäuser für die Berliner Vorortgemeinden gebaut worden.

In Steglitz befanden sich die ersten Amtsräume im Hause des Bauern und Gemeindevorstehers Berlinicke. Erst 1863 hatte er sein altes

Das Rathaus Steglitz, vor 1929

Wohnhaus durch ein neues ersetzt, das sich rechts hinter der 1871 gepflanzten und noch heute stehenden Friedenseiche auf dem Gelände des jetzigen Kreisels befand. Da die Einwohnerzahl von Steglitz beständig zunahm, wuchsen auch die Aufgaben der Gemeindeverwaltung und damit der Platzbedarf. 1882 kaufte die Gemeinde das Gebäude an der Kieler-/Ecke Schloßstraße. Da es dort aber keinen Raum gab, der groß genug gewesen wäre, die Versammlungen des Gemeinderates aufzunehmen, fanden diese in verschiedenen Schulen statt. Die Raumprobleme konnten also nur durch einen Rathaus-Neubau gelöst werden. Die Gemeinde Steglitz entschied sich für einen zentralen Standort an der Grunewald-/Ecke Schloßstraße. Zu diesem Zweck musste jedoch das alte Dampfbahnrestaurant abgerissen werden.

In den Jahren 1894 und 1895 wurden die notwendigen Grundstücke erworben, Baubeginn war am 14. September 1896, die Einweihung fand am 22. März 1898 statt. Heinrich Reinhard und Georg Süßenguth, erste Preisträger des Wettbewerbs, die auch die Rathäuser in Spandau und Charlottenburg gebaut hatten, errichteten für 350.000 Mark ein Gebäude im Stil der märkischen Backsteingotik.

Der Rathausturm erhielt eine 1897 in Zehlendorf gegossene Glocke mit der Inschrift: »Wer Gott vertraut, hat wohl gebaut«. Bei der Beschädigung des Rathausturmes im Zweiten Weltkrieg stürzte die Glocke vermutlich herab und blieb verschollen, bis man sie 1982 im Keller des Lichterfelder Rathauses zufällig wiederentdeckte. Die Turmspitze krönt ein etwa 2,35 x 1,90 Meter großer Wetterhahn in Form des pommerschen Wappenvogels. 1955 und 1990 wurde die Turmspitze samt Wetterhahn restauriert.

Neben dem Rathaus liegt die Bücherei. Nachdem schon der 1896 gegründete Steglitzer Lesezirkel im Jahr 1902 eine Ortsbibliothek eingerichtet hatte, konnte am 1. Oktober 1920 eine Bibliothek eröffnet werden. Sie befand sich in einem Hintergebäude der Grunewaldstraße 1–2 (1981 abgerissen). Schon 1958 eröffnete an fast gleicher Stelle ein Neubau, der 2004 zugunsten des Einkaufszentrums »Das Schloss« verschwand. Die Stadtbücherei, die seit 1991 den Namen der Schriftstellerin Ingeborg Drewitz trägt, ist jetzt im »Schloss« im dritten Obergeschoss untergebracht.

Schon kurz nach der Eröffnung des Rathauses war das Gebäude bereits wieder zu klein; Zusatzräume mussten angemietet werden, so in der Berlinickestraße 15. Außerdem wurden zeitweilig Baracken hinter dem Rathaus für Büro- und Polizeiräume aufgestellt. 1925 war ein elfstöckiger Büroturm am Rathaus geplant, der aber wegen fehlender Finanzen nicht verwirklicht wurde. Das Portal musste 1929 infolge einer Verbreiterung des Gehweges beseitigt und umgebaut werden.

Der 1935 entstandene Anbau in der Grunewaldstraße (2004 abgerissen) brachte kaum eine Entlastung der räumlich angespannten Situation. Deshalb wurde die Gunkelsche Höhere Mädchenschule aus dem Jahre 1888 in der Grunewaldstraße 2 so umgebaut, dass in dem Haus ab 1936 Büros untergebracht werden konnten.

Das Lankwitzer Rathaus entstand 1910/11 nach Plänen der Gebrüder Ratz in der Leonorenstraße auf dem Gelände einer alten Ziegelei. Der Bau, 380.000 Mark teuer, sollte ursprünglich noch größer ausfallen, doch der Ausbruch des Ersten Weltkrieges verhinderte dieses Vorhaben. So kam nur der erste Bauabschnitt zur Ausführung. Bis 2007 war hier das Finanzamt untergebracht.

In Lichterfelde entstand als zweites großes Amtsgebäude 1903 bis 1905 das Amtsgericht in der Ringstraße 9/Ecke Söthstraße. Im Stil der deutschen Renaissance nach den Plänen von Thoemer und Mön-

Richtfest für das Rathaus Lankwitz am 15. September 1910

nich errichtet, soll das sehenswerte Treppenhaus eine Nachbildung der Treppenanlage des Schlosses Mergentheim sein. In den Jahren 1913 und 1914 wurde das Gericht erweitert. Ihm angegliedert ist das Amtsgefängnis mit 64 Haftplätzen, das auch heute noch genutzt wird.

Schulen

»Also lautet ein Beschluß, daß der Mensch was lernen muß«, heißt es schon bei Wilhelm Busch. Und wie bei Max und Moritz begann es auch in Steglitz, Lichterfelde, Giesensdorf und Lankwitz mit den alten Dorfschulen. Es hat in der Folgezeit auf dem Gebiet des heutigen Bezirks Steglitz einige bemerkenswerte Versuche von Reformschulen gegeben, die für die Berliner Schulgeschichte wesentlich waren.

Die beiden ersten Schulhäuser am südlichen Ende des Dorfes Lichterfelde stehen heute nicht mehr. Für das letzte, 1856 errichtete Gebäude wurde 1883/86 Ersatz geschaffen. In der Dürerstraße 33–34/Ecke Tietzenweg entstand die Gemeindeschule II, heute Carstenn-Schule. Weitere Schulen folgten: 1899 die (heutige) Clemens-Brentano-Schule in der Kommandantenstraße 83/84 und die 1904 erbaute und 1906 eröffnete Kronach-Schule im Tietzenweg 108.

Am 8. April 1872 eröffnete Adelheid Krahmer die erste Privatschule für Mädchen höherer Stände. Sie war zunächst in der Villa Hildesheim am Ostpreußendamm 21 untergebracht. In der »Krahmerei« saßen anfangs sechs Mädchen und ein Junge. Bald zu klein geworden, kaufte die Pädagogin das Grundstück Ostpreußendamm 166 genau gegenüber, auf dem heute das Willi-Graf-Gymnasium steht. Durch das Anwachsen der Schülerinnenzahl waren zwischen 1888 und 1903 fünf An- und Umbauten notwendig geworden. Am 1. Oktober 1904 ging die Schule in Gemeindebesitz über und zählte sechs Jahre später 32 Lehrkräfte und 568 Schülerinnen. Adelheid Krahmer wurde 1908 pensioniert und starb am 9. August 1929 im Alter von 88 Jahren. Sie gehört unzweifelhaft zu den markanten Lehrerpersönlichkeiten der Lichterfelder Schulgeschichte. Schon vier Jahre vor ihrem Tod wurde ihr zu Ehren eine Straße benannt.

Die zweite Schule für höhere Töchter – die sogenannte Tancke-Schule – wurde am 19. Oktober 1892 mit 15 Schülerinnen in der Sophienstraße 9 eröffnet. Die beiden Klassen des späteren Dürer-Lyzeums mussten 1893 auf fünf Klassen erweitert werden, da 58 Schülerinnen die Schule besuchten.

Die neben der »Krahmerei« wohl berühmteste Lichterfelder Schule besteht heute nicht mehr. Es ist das Schiller-Gymnasium, am 27. September 1880 durch Beschluss der Gemeindeverordnetenversammlung gegründet und am 20. Juli 1881 eröffnet. Am nächsten Tag begann der Unterricht mit vier Lehrern und 40 Schülern, von denen die Hälfte aus der Krahmerschen Schule kam. Diese war ab sofort nur noch Mädchenschule. Die neue Schule war in der Königsberger Straße/Ecke Jungfernstieg über der Schlachterei Pingel untergebracht. An der Häuserfront verkündete ein Schild: »Höhere Knabenschule der Gemeinde Groß-Lichterfelde«. Die Schulräume waren klein, und die Ofenheizung funktionierte nicht immer. Deshalb kaufte die Gemeinde im Oktober 1881/82 ein eigenes Schulgrundstück am Ostpreußendamm/Ecke Königsberger Straße. Nachdem der Kreisausschuss des Kreises Teltow ein Darlehen in Höhe von 83.000 Mark mit dem Hinweis auf den »Größenwahn der Gemeinde Lichterfelde« abgelehnt hatte, bewilligte der Königliche Bezirksrat ein Darlehen und genehmigte den Bau, der am 12. Oktober 1883 begonnen wurde.

Im Sommer 1894 konnte die Schule umziehen. Die Aula der neuen Schule war der einzige große Festsaal des Ortes, der auch für Gedenk-

Berthold Otto unterrichtet im Freien

tage herhalten musste. Jeden Samstagnachmittag wurden von der Schule sogenannte »kriegerische« Turnspiele durchgeführt. Auf Ponys oder sogar hoch zu Ross trabten die Schüler über das mit Unkraut bewachsene und mit trockenen Gräben durchzogene Gebiet östlich der Anhalter Bahn. Auf dem Weg nach Hause zog man mit Trommeln und Pfeifen an der Wohnung von Direktor Hempel vorbei, der vom Balkon aus die »Parade abnahm«.

Mehrfach musste die Schule erweitert werden. Am 26. September 1905 erhielt sie aus Anlass des 100. Todestages von Friedrich Schiller den Namen »Schiller-Gymnasium«. Am 23. August 1943 fiel das traditionsreiche Gebäude den Bomben zum Opfer. Die »Institution« Schiller-Gymnasium war dahin. Generationen von Schülern hatten hier ihr Abitur abgelegt, unter ihnen der spätere Bischof Otto Dibelius, der in Lichterfelde so bekannte und beliebte Pfarrer Martin Gern (geb. 1913) und ein Enkel von Carstenn.

1906 gründete Berthold Otto (1859–1933) in der Holbeinstraße 21 eine nach ihm benannte Privatschule. Die Lichterfelderin Emmy Friedländer finanzierte den Bau. Otto war ein Reformpädagoge, dessen didaktisches Konzept ein Unterricht nach dem Modell des Gesprächs am Familientisch war. Dabei sollte sich das Wissenwollen der Kinder allein aus ihren Fragen entwickeln. Berthold Otto starb am 29. Juni 1933 und hinterließ eine Schule, in der das Lernen Spaß machen sollte und die Klassen maximal 15 Schüler hatten. Tochter und Enkel setzten sein Werk fort, auch während der NS-Zeit. Die Schule wurde 1946 als erste Berliner Privatschule wiedereröffnet und besteht bis heute. Hier drückte auch der Schauspieler Götz George die Schulbank.

Eine andere Reformschule war die 1906 gegründete Elisabeth-Schule, an deren Stelle seit 1954/55 die Traugott-Weise-Schule (Drakestraße 80) steht. Am 29. April 1906 war sie in einer 1868 erbauten Villa eröffnet worden, das Nachbargrundstück kam später hinzu. Kommerzienrat Schwartz hatte die finanziellen Mittel zur Verfügung gestellt, und so revanchierten sich die galanten Lichterfelder, indem sie die Schule mit dem Vornamen seiner Frau schmückten. Hier sollte das Lernen ebenfalls Spaß machen, und vielleicht erhielt deshalb die zehnklassige Reformschule für Mädchen den Namen Spielschule. 1914 als Lyzeum anerkannt, wurde sie am 1. April 1928 staatlich und am 1. Oktober 1931 mit dem 1892 gegründeten Dürer-Lyzeum (ehemals Tanckesche Schule) zum Vereinigten Dürer- und Elisabeth-Lyzeum verbunden, später – wegen des dortigen Kiefernbestandes – Waldschule genannt. Im Krieg wurde sie zerstört.

Die Lankwitzer Gemeindevertretung gründete 1905 das Realgymnasium, das zunächst in der Villa Alt-Lankwitz 3 untergebracht war. In den Jahren 1906 bis 1908 entstand ein eigenes Gebäude in der Kaulbachstraße, wo um 1930 Teile des Films »Mädchen in Uniform« gedreht wurden. Zum 30-jährigen Bestehen erhielt die Schule am 19. November 1933 den Namen Tannenberg-Schule, der 1990 in Willi-Graf-Schule geändert wurde. In der Nacht vom 23./24. August 1943 wurde sie zerstört; Gebäudereste fanden 1952 beim Bau des Seniorenheimes »Käthe Kollwitz« Verwendung. An gleicher Stelle steht dort seit 1994 ein Neubau des Heimes.

Das Steglitzer Gymnasium, von vielen Steglitzern wegen seiner Lage in der Heesestraße auch »Heese-Gymnasium« genannt, ist das einzige humanistische Gymnasium im Bezirk. Der Architekt Walter Gropius hat hier ebenso sein Abitur gemacht wie der Juraprofessor und CDU-Politiker Rupert Scholz, Bürgermeister Ferdinand von Friedensburg und TV-Moderator Günther Jauch.

Die Tannenberg-Schule in Lankwitz

Die Fichtenberg-Oberschule in der Rothenburgstraße geht auf das am 13. August 1912 eröffnete Kaiserin-Auguste-Viktoria-Lyzeum nebst Studienanstalt zurück. An diesem Gebäude wurden etwa 60 bauliche Veränderungen vorgenommen, zwölfmal wechselte die Schule ihren Namen, 20-mal den Ort.

Die Hermann-Ehlers-Schule (Gymnasium), die ihren Namen 1954 erhielt, wurde 1905/06 in der Elisenstraße 4 eröffnet. Als einzige Steglitzer Schule besitzt sie sogar ein eigenes Oberservatorium unter einer Kuppel auf dem Dach der Schule. Das Fernrohr verschwand im Krieg, ein Unwetter machte die Kuppel nicht mehr nutzbar, sie steht aber heute noch.

WOHL UND WEHE EINES STADTBEZIRKS

Vom Dorf zur Stadt

Da sich die Landgemeindeordnung als überaus hemmend für das »Dorf« Steglitz mit seinem städtischen Flair erwies, bemühte sich die Gemeinde seit der Jahrhundertwende zwischen 1904 (29.035 Einwohner) und 1909 (57.277 Einwohner) zehnmal vergeblich um die »Stadtwerdung«. Das Innenministerium lehnte stets ab, obwohl Stadtrechte ab einer Einwohnerzahl von 25.000 verliehen werden konnten. Das war in Steglitz bereits kurz nach 1900 der Fall gewesen.

Der damalige Bürgermeister Buhrow strebte dabei die »Stadtwerdung« ohne ein Ausscheiden aus dem Kreis Teltow an. Wäre Steglitz kreisfreie Stadt geworden, hätte eine hohe Ablösesumme als Ausgleich für Steuerausfälle an den Kreis gezahlt werden müssen. »Einfache Berechnungen ergaben, dass die Abfindung, die wir beim Ausscheiden aus dem Kreis hätten zahlen müssen, ungeheuer hoch werden würde, noch höher als die von Wilmersdorf, das lange Jahre gebraucht hat, ehe es die von ihm bezahlte Abfindungssumme verschmerzt hatte. Meine Idee ging vielmehr dahin: Stadtwerden ohne Ausscheiden aus dem Kreis«, so Buhrow in seinen Erinnerungen.

Die gesetzlichen Voraussetzungen für eine »Stadtwerdung« ohne ein Ausscheiden aus dem Kreis lagen aber damals noch nicht vor. Groß-Lichterfelde zählte 1910 knapp 43.000 Einwohner und plante daher 1911 und 1917 das gleiche. Eine entsprechende Gesetzesänderung war zwar in die Wege geleitet worden, doch stoppte der Erste Weltkrieg all diese Bemühungen. So galt Steglitz mit 83.366 Einwohnern 1920 als das »größte Dorf« Preußens. Ob zu Recht bleibt dahingestellt, denn um 1910 zählte Hamborn (heute zu Duisburg) bereits über 100.000 Einwohner und wurde erst 1911 Stadt. Zwei Jahre nach Ende des Ersten Weltkrieges ging Steglitz durch die Eingemeindung in Groß-Berlin auf. Dadurch verlor der Kreis Teltow 1920 neun Zehntel seiner Steuereinnahmen und fast 80 Prozent seiner Bevölkerung. Mit der Eingemeindung nach Berlin bildeten Groß-Lichterfelde, Lankwitz, Steglitz und der Ortsteil Südende, der vorher zu Mariendorf gehört hatte, nun einen von 20 Berliner Bezirken. Auch Lankwitz hatte von 1874 bis 1908 zum Amtsbezirk Mariendorf gehört, bevor es zwölf Jahre lang selbstständig gewesen war.

Mit der Bildung von Groß-Berlin und des Bezirkes Steglitz mussten mehrere Straßen umbenannt werden. So hießen 16 Straßen in Berlin, die durch die alten Dorfanlagen führten, »Hauptstraße«; die meisten Hauptstraßen wurden in »Alt«- (plus Dorfname) umbenannt, wie zum Beispiel die Lankwitzer Hauptstraße, seit dem 4. April 1934 Alt-Lankwitz. Außerdem gab es in Steglitz nun zwei Viktoriastraßen. Während die Lichterfelder Straße ihren Namen behielt, hieß die Lankwitzer ab dem 20. Mai 1937 Leonorenstraße. Auch die doppelte Annastraße verlangte nach einer Lösung. 1934 kam es zur Umbenennung der Straße im Ortsteil Lichterfelde in Hartmannstraße. Kurioserweise blieb der doppelte Name der Akazienstraße in Lichterfelde und Steglitz unbeachtet. Die Steglitzer Akazienstraße verschwand erst 1966 mit dem Bau der Stadtautobahn. Den Namen Bahnstraße gab es früher sogar viermal, und zwar je zweimal in Lichterfelde und in Steglitz. Die Lichterfelder Bahnstraßen wurden 1879 durch die Brauer- und 1916 durch die Köhlerstraße ersetzt. Die Steglitzer Bahnstraßen wechselten ihre Namen erst nach dem Zweiten Krieg in Buhrow- (1957) und Oberlinstraße (1960).

Steglitz hatte bei der Eingemeindung die meisten Einwohner, und so stand der Name für den ganzen Bezirk. Das änderte aber nichts daran, dass sich die Bewohner der einzelnen Ortsteile weiterhin dort zu Hause fühlten. Ein Südender war (und ist) keineswegs Steglitzer, obwohl Südende heute Teil von Steglitz und kein selbstständiger Ortsteil mehr ist. Der Präsident des Landessportbundes Klaus Böger, seit Jahren in Lichterfelde Süd heimisch, meinte einmal: »Im Kiez ist man zu Hause, Bezirke sind Verwaltungseinheiten«.

Übrigens sind die Südender nicht freiwillig zum Bezirk Steglitz gekommen. Von ihrer Gemeinde Mariendorf schon früher immer etwas »vernachlässigt«, bemühten sie sich um die Jahrhundertwende um Eingemeindung in die Stadt Schöneberg. Aber die Mariendorfer Gemeindevertreter und der Teltower Landrat lehnten dies ab, weil sie Steuerausfälle fürchteten.

Im Prinzip war mit der Eingemeindung vollzogen, was längst praktiziert wurde. Steglitz lebte bereits im Rhythmus der Großstadt, die Schloßstraße war nicht nur ein Einkaufszentrum für die Anwohner,

Zwei Steglitzer Berühmtheiten: Henny Porten (links) und Rotraut Richter

und auch der geistige Zuschnitt der Steglitzer war alles andere als dörflich. Wer lebte nicht alles in dem neuen Bezirk: Henny Porten, die bekannteste Schauspielerin der Stummfilmära und oft als »schönste Steglitzerin« bezeichnet, wohnte anfangs in der Albrechtstraße 40. Paul Lincke komponierte – wie es hieß, hauptsächlich während der warmen Jahreszeit – in der Grunewaldstraße. Rosa Luxemburg hatte von 1911 bis zur ihrer Ermordung 1919 im Biberacher Weg 2 in Südende gewohnt. Und auch Karl Liebknecht (Hortensienstraße 4), Franz Mehring (Albrechtstraße 16, Beymestraße 7) und Wilhelm Pieck (seit 1910 Schadenrute 2, heute Westtangente) schätzten als Politiker der damals extremen Linken offenbar die bürgerliche Beschaulichkeit der Berliner Randlage.

Aber auch das bürgerliche Spektrum war vertreten: Hermann Ehlers, in den 1950er Jahren Bundestagspräsident, ist ein Steglitzer Gewächs, in der Poschingerstraße 6 geboren und in der Wandervogelbewegung groß geworden, während der Nazizeit aktives Mitglied der Bekennenden Kirche. Und Theodor Heuss wohnte während seiner Studentenzeit in der Grillparzerstraße 16 und später in der Kamillenstraße 6.

Mehr noch als sie haben wohl eine Reihe von Künstlern wenn schon nicht Steglitzer Lokalkolorit, so doch »immerhin« die Kunstentwicklung des beginnenden 20. Jahrhunderts geprägt. Wenn es auch heute nicht mehr bekannt ist, in welcher Stammkneipe sie verkehrten und bei welchem Bäcker sie ihre Brötchen kauften, so wissen wir doch, wo sie wohnten. Von Franz Kafka und Heinrich Seidel war schon die Rede und auch schon von Boleslaw Barlog (er wohnte im Spindelmühler Weg 7). Von 1912 bis 1918 lebte George Grosz zunächst in der Borstellstraße 36, später in der Stephanstraße 15; Leo Fall, österreichischer Operettenkomponist (Der liebe Augustin) hatte von 1902 bis 1906 sein Domizil in der Schützenstraße 52; der Lyriker Peter Huchel erblickte 1903 im Elternhaus Hindenburgdamm 32 das Licht der Welt. Der Schauspieler Harry Liedtke besaß mit seiner Frau Käthe Dorsch in der Drakestraße 81 ein Haus; in der Lankwitzer Corneliusstraße 9 lebte bis 1950 Lucie Englisch. Rotraut Richter, in der Leydenallee 53 geboren und Schülerin des heutigen Fichtenberg-Gymnasiums wohnte von 1932 bis zu ihrem frühen Tod 1947 im elterlichen Haus in der Schmidt-Ott-Straße 17. Und Hans Rosenthal, der nach dem Krieg der wohl bekannteste Entertainer Berlins war, wohnte bis zu seinem Tod 1987 am Augustaplatz 4b.

Dörfliche Behaglichkeit – vielleicht; provinzielle Enge – nein. Steglitz dachte »berlinisch« und war selbstbewusst genug, das auch als neuer Bezirk unter Beweis zu stellen. Und wie konnte man das nach außen hin besser als durch neue »städtische« Bauten.

Und wieder wird gebaut

In Steglitz gab es um 1900 864 Wohnhäuser. Davon waren ganze sechs zwischen 1840 und 1850 erbaut worden. 176 Wohnhäuser entstanden bis 1875, der Rest bis zur Jahrhundertwende. Der Wohnungsbau hatte vor dem Ersten Weltkrieg fast nur in privater Hand gelegen. Entweder bebauten Rentiers, Kaufleute oder Handwerker einen Grundstücksblock mit Kleinstwohnungen oder kapitalkräftigere Bauherren errichteten große, komfortable Wohnungen für reiche Mieter. Meist wurde am eigentlichen Bedarf, nämlich mittelgroßen Wohnungen, vorbei gebaut. Der Mangel an bedarfsgerechten Wohnungen sowie Schwierigkeiten am Zins- und Kapitalmarkt führten 1912 zum völligen Zusammenbruch des Wohnungsbaus im Raum Berlin.

In Steglitz war so viel gebaut worden, dass im ersten Halbjahr 1912 drei Viertel aller Häuser, für die eine Bauerlaubnis erteilt worden war, zwangsversteigert werden mussten. Sie waren so hoch mit Krediten und Hypotheken belastet, dass der Vorsitzende der Steglitzer Handwerkskammer am 2. August 1912 über die Steglitzer Verhältnisse in der Handwerkszeitung unter anderem schrieb: »Der Pleitegeier stiert den Besucher schon jetzt aus jedem Fenster an, und man braucht kein Fachmann zu sein, um sein Urteil dahin abgeben zu können, dass die Mehrzahl dieser auf Schwindel berechneten und von Schwindlern gebauten Kästen unrettbar dem Hammer verfallen sind und in den ersten fünf Jahren kaum vermietet werden. Keiner der vielen Menschen, die nie alle werden, kann auf Befriedigung seiner Forderungen rechnen, und die Verluste der Lieferanten und Bauhandwerker werden sich auf Millionen beziffern.« Das Wohnviertel in der Gegend der Thorwaldsen-, Altmark- und Bismarckstraße konnte nicht einmal mehr beendet werden. Die Arbeiten wurden eingestellt, als die zweiten Stockwerke im Rohbau gerade fertig geworden waren.

Nach dem Ersten Weltkrieg verschärfte sich die Situation noch. Als Folge von Krieg, Inflation und verstärkter Zuwanderung kam es zu einem großen Wohnungsmangel; der Wohnungsbau war zudem zwischen 1914 und 1923 fast völlig zum Erliegen gekommen. Wegen der Wohnungsnot wurden im September 1918 Wohnungsämter eingerichtet, die leere Wohnungen erfassen und verteilen sollten. Mehrfach gab es Zwangseinquartierungen in Notwohnungen, die in Dach- und Kellergeschossen lagen. Seit 1925 wurde für den Bau von Wohnungen mehr Baufläche benötigt, da die Errichtung von Quer- und Seitenflügeln, also das »raumsparende« Bauen, von der sozialdemokratischen Regierung untersagt worden war. So kann man den 3. November 1925 als den »Todestag« des Berliner Mietskasernenbaus bezeichnen. Wohl noch nie ist ein Todestag so begrüßt worden.

Statt Einzelhäuser bevorzugte man jetzt den großflächigen Bau von Siedlungen. Wer die Schildhornstraße Richtung Breitenbachplatz entlangfährt, sieht zunächst Einzelmietshäuser aus der Zeit um die Jahrhundertwende. Dem schließt sich – links – dann die Siedlung des Erbbauvereins Moabit aus dem Jahre 1928 an. Zu weiteren in den 1920er Jahren entstandenen Siedlungen zählt die Werksanlage Am Stichkanal 10/22 (Lichterfelde), die 1920 bis 1922 nach Plänen von Albert Päseler entstand. 1923 errichtete die Heimstättensiedlung Lankwitz Einfamiliendoppelhäuser einfacher Bauart. In diese Zeit gehören Wohnanlagen wie die Reihenhausanlagen Hortensienstraße 34–62, die von 1924 bis

Das letzte Ernte- und Abschiedsfest der Kleingärtner vor der Bebauung ihrer Gärten mit der Feuer- und Rauchlosen Siedlung

1925 nach Entwürfen von Rudolf Otto Salvisberg entstanden sowie Hortensienstraße 22–26, die 1925 bis 1926 von Mebes & Emmerich erbaut wurden. Das gesamte Areal zwischen Astern- und Begonienplatz ist in den Jahren 1922 bis 1940 von insgesamt 17 Baugesellschaften und vier privaten Bauunternehmen errichtet worden.

Die viergeschossige Wohnanlage Hindenburgdamm 81/82 für die Beschäftigten der »Großen Berliner Straßenbahn AG« entstand 1924/25 in Klinkerbauweise. Die 103 Wohnungen gruppieren sich um einen begrünten Innenhof. Die Wohnsiedlung des Beamtenwohnungsvereins östlich der Kreuzung Klingsor-/Ecke Birkbuschstraße wurde in den Jahren 1928 und 1929 nach Plänen von Paul Zimmerreimer erbaut. Die Anlage, Beispiel für den expressionistischen Städtebau, ist später unter Denkmalschutz gestellt worden. Dennoch musste das Haus Klingsorstraße 46/48 im Jahre 1994 abgerissen werden, weil Grundwasserabsenkungen zu so starken Setzungen führten, dass es einsturzgefährdet war.

Von Mebes & Emmerich stammen auch wesentliche Teile der Feuer- und Rauchlosen Siedlung im Bereich Steglitzer-/Munsterdamm und Immenweg sowie Walsroder Straße/Hünensteig. Die Planung der Randbebauung übernahm Heinrich Straumer, die der viergeschossigen Zeilenbauten Mebes & Emmerich. Insgesamt wurden 886 Wohnungen im Auftrag der Gemeinnützigen Bau- und Siedlungs AG Heimat und in Zusammenarbeit mit der Firma Philipp Holzmann erstellt. Die Bebauung erfolgte zwischen 1930 und 1932 auf Kleingartengelände.

Mebes & Emmerich errichteten zwischen 1932 und 1934 einen weiteren Bauabschnitt mit etwa 220 Wohnungen auf dem Gelände nördlich und südlich der Walsroder Straße. Diese Bebauung wurde teils als Randbebauung, teils in Zeilenbauweise ausgeführt und schloss sich in seiner Gestaltung dem ersten Bauabschnitt an. Die einzelnen Hausreihen am Munsterdamm sind versetzt angeordnet und folgen der leichten Krümmung der Straße. Fast alle Häuser bestehen aus einem Grundrisstyp und sind in industrieller Bauweise gefertigt. An einem Treppenpodest liegen eine Zweizimmer- und eine Zweieinhalbzimmerwohnung, deren Ausstattung damals dem modernsten Standard entsprach. Auf Feuer- oder Gasanschlüsse hatte man verzichtet, statt dessen wurden elektrische Herde installiert, daher der Name »Feuer- und Rauchlose Siedlung«. Heizung und Warmwasserversorgung erfolgen auch heute noch über ein Fernheizwerk.

Ebenfalls Anfang der 1930er Jahre entstand die Siedlung der Genossenschaft »Märkische Scholle« am Ostpreußendamm direkt an der Stadtgrenze. Die Landsiedlungsgenossenschaft vom Reichsbund der Kriegsbeschädigten wurde 1919 gegründet. Ihr vorrangiges Ziel war die Errichtung von Eigenheimen für Mitglieder, seit 1926 auch die Errichtung von Mietwohnungen. Die von Hermann Schluckebier entworfene Siedlung entstand zwar auf freiem Feld, war aber durch die Straßenbahnlinie und den nahen Bahnhof Lichterfelde Süd an den öffentlichen Personennahverkehr angeschlossen. In drei Bauabschnitten entstanden zwischen 1929 und 1932 insgesamt 374 Wohnungen.

Die »Schlacht« am Bahnhof Lichterfelde Ost

Kennzeichnend für die politische Polarisierung in der Weimarer Republik waren Lokal- beziehungsweise offene Straßenschlachten zwischen Rechten und Linken. Das gab es auch in Steglitz. Zu schweren Zusammenstößen zwischen Nationalsozialisten und Kommunisten kam es am Sonntag, dem 20. März 1927, auf dem Bahnhof Lichterfelde

Die »Feuer- und Rauchlose Siedlung« mit dem neuen Munsterdamm, 1934

Steglitzer Damm/Ecke Wilseder Straße in den 1930er Jahren, im Hintergrund der Wasserturm

Ost. Eine etwa 600 Mann starke Gruppe von Nazis der Ortsgruppe Steglitz-Lichterfelde kehrte von einer Bannerweihe aus Trebbin zurück. Im selben Zug saßen auch 22 Kommunisten, die in Ludwigsfelde zugestiegen waren. Schon während der Fahrt kam es zu verbalen Auseinandersetzungen. Als der Zug gegen 19 Uhr auf dem Bahnhof Lichterfelde Ost hielt, verließen die Nationalsozialisten den Zug in kleinen Gruppen. Plötzlich fiel ein Schuss. Nach Meinung der Mitreisenden, später auch der Polizei, hatten die Nationalsozialisten geschossen. Augenblicklich kam es zu einer Massenschlägerei zwischen Arbeitern und den Nazis. Man ging mit Stöcken, Gummiknüppeln und Schlagringen aufeinander los. Die unbeteiligten Reisenden ergriff Panik: Sie drängten durch die Sperren. Auf der Treppe stürzten die Menschen übereinander und rissen dabei andere zu Boden. In einem zeitgenössischen Bericht heißt es: »Der Bahnsteig war von Hunderten schreiender und tobender Menschen erfüllt.«

Erst zwei Hundertschaften Polizei, die in aller Eile aus Steglitz geholt wurden, beendeten das Getümmel nach einer knappen halben Stunde. 20 Verletzte wurden in umliegende Krankenhäuser gebracht. Wie die lokale Presse seinerzeit berichtete, sammelten sich die Nazis nach diesem Vorfall erneut und zettelten in der westlichen Berliner Innenstadt weitere Prügeleien an, indem sie unbeteiligte Passanten zusammenschlugen, die sie für Juden hielten.

Es war nur ein lokales Vorspiel für Schlimmeres.

Steglitz unterm Hakenkreuz

Bei der Reichstagswahl 1928 hatten nur 2,9 Prozent der Steglitzer für die NSDAP gestimmt. 1930 lag der Stimmenanteil bereits bei 23,3 Prozent, am 5. März 1933 sogar bei 41,1 Prozent (im Berliner Durchschnitt: 34,6 Prozent; Reichsdurchschnitt: 43,9 Prozent). Den höchsten Stimmenanteil aller Berliner Bezirke errang die NSDAP in Steglitz bei der Wahl im Juli 1932. Während in Berlin der Stimmenanteil für die Nazis bei 28,6 Prozent lag, stimmten immerhin 42,1 Prozent der Steglitzer für diese Partei. Dabei war der Anteil der Stimmen für die NSDAP in Lankwitz (38,8 Prozent) und Lichterfelde (39,5 Prozent) etwas niedriger als in Südende (41,4 Prozent) oder Steglitz (44,3 Prozent). Dennoch war das der höchste Stimmenanteil für die Braunen in ganz Berlin.

Unmittelbar nach der Machtübernahme mussten sich 1933 alle Freimaurerlogen auflösen, wozu auch die Lichterfelder Loge »Drei Lichter im Felde« gehörte. Das Vereinsvermögen wurde beschlagnahmt. Daneben gab es zahlreiche Umbenennungen von Schulen und Straßen. Das Stadion Lichterfelde hieß seit 1933 »Adolf-Hitler-Stadion«, die Goethe-Schule in der alten »Krahmerei« seit 1937 Karin-Göring-Schule.

Mehrere Gaststätten wurden zu SA-Lokalen. Dazu gehörte die »Grüne Linde« in Alt-Lankwitz; das »Finkennest« in der Sembritzkistraße 5–7 war seit 1930 Sturmlokal des SA-Sturms 3 Steglitz. Am 31. August 1936 wurde auf dem Friedhof Bergstraße in einem Anbau am Wasserturm, der heute nicht mehr existiert, mit entsprechendem nationalsozialistischen Brimborium ein »Ehrenmal für die Gefallenen des Weltkrieges und der Bewegung« eingeweiht.

Nach der »Machtergreifung« zogen 1933 die SA und die SS auf das Gelände der Kadettenanstalt, künftig Kaserne der »Leibstandarte Adolf Hitler«. Im Zusammenhang mit dem sogenannten Röhm-Putsch wurden am 30. Juni 1934 ungefähr 200 SA-Leute auf dem Gelände der Kadettenanstalt an einer Mauer hinter der Leichenhalle erschossen. Die Schüsse sollen an jenem Sonntag noch auf einem lärmenden Rummelplatz in der Nähe gehört worden sein. Die Toten wurden später ins Krematorium Wilmersdorf gebracht.

Auch andernorts fanden blutige »Säuberungen« statt, denen der ehemalige General, Reichswehrminister und Reichskanzler Kurt von Schleicher zum Opfer fiel. Er und seine Frau wurden am selben Tag in Babelsberg erschossen. Die Beisetzung sollte auf dem Parkfriedhof in Lichterfelde erfolgen, da Schleichers Schwiegermutter in Lichterfelde wohnte. Am Tag der Beerdigung soll es jedoch zu Steinwürfen durch Demonstranten gekommen sein, weshalb die Beisetzung erst einen Tag später – in aller Stille – stattfinden konnte.

Die Jüdische Gemeinde und die Judenverfolgung

Zuerst und in schlimmster Form hatten die jüdischen Mitbürger auch in Steglitz unter der Ausgrenzung, Diskriminierung und Verfolgung der Nazis zu leiden.

Bereits am 14. April 1878 war der Religiöse Verein jüdischer Glaubensgenossen gegründet worden, der sich für die Interessenwahrung der in Steglitz und Umgebung wohnenden Juden einsetzte. 1880 lebten im Ort 79 Juden, fünf Jahre später waren es 129. Vorsteher des Vereins war Moses Wolfenstein, dessen Mutter seit 1850 ein Stoff- und Bekleidungsgeschäft führte, das er später übernahm. 1897 richtete Moses Wolfenstein unter hohem finanziellen Aufwand auf seinem Grundstück Düppelstraße 41 eine kleine Synagoge ein. Ursprünglich hatte er hier 1873 ein zweigeschossiges Wohngebäude mit einem Verkaufsraum im Erdgeschoss gebaut. Die Synagoge entstand im Stallgebäude auf dem Hof und bot 70 sitzenden oder 120 stehenden Personen Platz. Durch den Anbau einer Außentreppe (noch heute vorhanden) gelangte man in das obere Geschoss, in dem sich die Heilige Lade mit der Heiligen Schrift befand. Der Betraum lag im Erdgeschoss.

Da der Gottesdienst dem orthodoxen Ritus folgte, benötigte man weder einen Chor noch eine Orgel. An hohen Feiertagen war die Synagoge viel zu klein, so dass man die Gottesdienste dann in die jüdische Blindenanstalt in der Wrangelstraße verlegte. 1922 wurde der Bau einer größeren, repräsentativeren Synagoge beschlossen, doch verlor das gesammelte Geld in der Inflationszeit seinen Wert. Später existierten noch zwei weitere Gemeindevereine, so die »Israelitische Religionsgemeinschaft Groß-Lichterfelde/Lankwitz e.V.« und seit 1911 der »Jüdische Religionsverein Friedenau, Steglitz und Umgebung e.V.«.

Den vorläufigen Höhepunkt in der Judenverfolgung markierte der 9. November 1938. Die Steglitzer Synagoge in der Düppelstraße wurde nur deswegen nicht wie viele andere Synagogen in der Nacht vom 9. auf den 10. November 1938 angezündet, weil sich über der Synagoge eine Tischlerei befand und diese sowie anliegende Gebäude gefährdet waren. Dafür wurde der Versammlungsraum am 10. November im Laufe des Nachmittag ausgeraubt und völlig verwüstet. Die Heiligen Schriften waren in der Nacht zuvor von beherzten Gemeindemitgliedern gerettet worden.

Die Vorgänge jener Nacht in Steglitz, die oft so harmlos als »Reichskristallnacht« bezeichnet werden und besser »Novemberpogrom« heißen sollten, haben uns Greta Kuckhoff und Curt Wolfenstein überliefert: »Wir trafen unterwegs eine Menge Menschen, manche wirkten, als kämen sie von einer ausgelassenen Sause, andere schienen nachdenklicher als sonst. Beim Einbiegen in die Hauptstraße (gemeint ist die Schloßstraße) bot sich uns ein fürchterlicher Anblick. Vor dem Konfektionsgeschäft an der Ecke hatte sich eine johlende Menge vor dem Schaufenster zusammengerottet. Hinter den zerschlagenen gro-

Die Schloßstraße 1950, linke Bildmitte das Kaufhaus Feidt, später Wertheim, heute Leiser

Die gleiche Blickrichtung 2011

ßen Scheiben standen mit dreckigen Stiefeln Jugendliche, aber auch gesetztere ältere Leute, und rafften an sich, was sie nur packen konnten: Mäntel und Hosen, Jacken und Hemden. Der Eigentümer des Konfektionsgeschäftes stand in der Tür, die Tränen liefen ihm durch die Bartstoppeln, in der Hand hielt er einen über und über bespieenen Frack, den er mit seinem Ärmel zu reinigen versuchte. Für die Menge auf der Straße boten seine hilflosen täppischen Versuche ständigen Anlass zu neuem Spott. Und diese Menge bestand nicht nur aus SA- und SS-Leuten, nein, da waren viele, die ich als biedere Bürger bei mancher Gelegenheit getroffen hatte ...«

Doch wurden jüdische Geschäfte nicht nur geplündert, sondern durch ein abgestuftes System zügelloser Hetze für die Arisierung vorbereitet, wie im Falle des Kaufhauses Feidt. Moritz Feidt hatte am 23. März 1907 in dem neuerbauten Haus Schloßstraße 97/Ecke Kieler Straße 1 sein drittes Geschäft, das Kaufhaus Feidt, eröffnet. 1929 erweiterte er seine Filiale. Als Moritz Feidt starb, übernahm sein Sohn Gerhard das Unternehmen. 1937 starteten die Nationalsozialisten im »Stürmer« eine Hetzkampagne gegen den Laden. Unter der Überschrift »Das Kaufhaus Feidt – Vom Winkelladen zum Judenpalast« erschien am 11. Juli 1937 ein Beitrag von Adelheid Schöller. Ein Dokument, das für sich spricht: »Tausende von Berlinern rennen immer noch in diesen Laden und scheinen keine Ahnung zu haben, daß sie einem echten Talmudjuden das Geld in den Rachen werfen ... Jud Feidt hat schon wiederholt ohne jeden begründeten Anlaß nichtjüdische Angestellte fristlos hinausgeworfen. So hat er z. B. nur aus Laune die bei ihm tätige einarmige Angestellte Frida Gehlsdorf auf die Straße gesetzt ... In fensterlosen und feuchten Kellerräumen müssen diese Mädchen bei künstlichem Licht ihre Arbeit verrichten ... Sauberkeit kennt der Jude Feidt überhaupt nicht ... Für 70 Angestellte steht täglich nur ein einziges (!) Handtuch zur Verfügung. Der Jude nennt das ›Hygiene‹. Wir sagen Schweinerei dazu ... In den Arbeitspausen müssen die Angestellten in allernächster Nähe der Müllkästen ihre Mahlzeiten einnehmen. In schmutzigen Ecken und Winkeln müssen sie ihre Trinkgefäße reinigen und ihren Kaffee aufwärmen ...«

Doch der üblen Nachrede nicht genug, denunziert die Schreiberin zum Schluss ihre Mitbürger ganz offen:

»Lieber Stürmer! Ich habe Dir schon vor einigen Monaten einmal geschrieben, dass ich für den Fall, dass meine Warnungen und Mahnungen nicht beachtet werden, dazu übergehen werde, die Namen jener Nichtjuden, die heute noch beim Juden kaufen, der ganzen Öffentlichkeit bekanntzumachen. Die Mahnungen waren umsonst. Ich sehe, dass wir schon etwas deutlicher werden müssen. Und so sollst Du heute einmal aus einem Verzeichnis, das in meinen Händen liegt, jene Nichtjuden kennenlernen, die jetzt noch im Judenladen Feidt einkaufen ... Es handelt sich hier ausschließlich um ›Damen‹, von denen man eigentlich annehmen müßte, sie hätten kraft ihrer ›Intelligenz‹ längst erfaßt, was die Pflicht einer jeden deutschen Frau ist. Folgende deutsche Frauen aus Steglitz kaufen beim Juden Feidt ein:

Frau Baumgarten, Schadenrute 8, Gertrud Jacker, Schloßstraße 99, Frau Hildebrandt, Schildhornstraße 13, Frau Kleinwächter, Kieler Straße 4, Frau Krüger, Schützenstraße 21, Gertrud Richter, Treitschkestraße 15, Frau Tremmel, Flemmingstraße 17, Fräulein Schulz, Schildhornstr. 10, Helene Maier, Schloßstraße 123.

... Damit sich nun aber auch die Männer nicht einbilden, der Stürmer würde auf sie Rücksicht nehmen, seien noch einige Namen von ›akademischen‹ und ›adeligen‹ Herren genannt, die ebenfalls beim Juden Feidt einkaufen: Die Aerzte Dr. Neuberger, Dr. Daniel und Dr. Magnus in der Schloßstraße 27, bzw. Grunewaldstraße 11, bzw. Schloßstraße 95 zu Steglitz.«

Der so denunzierte Dr. Neuberger fühlte sich – aus welchen Gründen auch immer – daraufhin zu einer Anzeige genötigt, die seine vaterländische Gesinnung beweisen sollte:

RM 1000.–

zahle ich demjenigen, der mir nachweist, daß ich das Kaufhaus Feidt jemals betreten habe.

Dr. Neuberger, Schloßstr. 27

Mitglied des Bundes deutscher Aerzte.

Zwischen Juli 1937 und Mai 1938 wurde das Geschäft »arisiert« – aus dem »Kaufhaus Feidt« wurde das »Textilhaus Sommer«. Im Zweiten Weltkrieg wurden Teile des ehemaligen Kaufhauses Feidt stark beschädigt, besonders der Flügel in der Kieler Straße. Dies ist noch heute an der dort veränderten Fassade zu erkennen. 1945 bezog Wertheim das Gebäude. Als das Kaufhaus 1952 sein eigenes Haus weiter nördlich in der Schloßstraße eröffnete, nutzte Leiser die Räume bis 2009. Die Nachfahren Feidts lebten später unter dem anglisierten Namen »Fyte« in London.

Das Vorderhaus von Moses Wolfenstein, dessen Familie 1939 in die USA geflüchtet war, wurde 1943 zerstört. Das ebenfalls zerstörte Hofgebäude ist 1946 wieder aufgebaut, aber nicht mehr als Synagoge genutzt worden. Seiner historischen Bedeutung wegen steht es seit 1988 unter Denkmalschutz.

Immer mehr jüdische Einrichtungen wurden drangsaliert, reglementiert und schließlich geschlossen. In dem 1885 errichteten Wohnhaus Wrangelstraße 6–7 hatte sich – in Nachbarschaft zum Blindenbildungswerk – seit 1910 die Jüdische Blindenanstalt niedergelassen. Sie wurde 1942 enteignet. In dem später zu zwei Dritteln zerstörten Gebäude, das 1953 wieder aufgebaut worden war, ist heute das Haus Nazareth untergebracht. Hier führten die »Armen Schwestern vom heiligen Herzen Jesu« ein katholisches Kinderheim. Heute ist dort ein Gesundheitszentrum untergebracht.

Auch das jüdische Sanatorium Dr. Goldstein, seit 1889 im alten Gesellschaftshaus Jungfernstieg 14 untergebracht, war von der Schließung bedroht. Wegen der Umgestaltungsmaßnahmen Berlins musste das Tiergesundheitsamt der Landesbauernschaft Kurmark 1939 seine Amtsräume in der Innenstadt aufgeben. Stattdessen wollte das Amt seine Dienststelle in dem Sanatorium einrichten. Das Verwaltungsamt des Reichsbauernführers teilte der Baupolizei Steglitz jedoch mit Schreiben vom 1. Dezember 1939 mit, dass »der Oberbürgermeister der Stadt Berlin … die von mir beantragte Zwangsarisierung des Grundstücks Berlin-Lichterfelde, Jungfernstieg 14, abgelehnt« hat. Warum – das wird wohl immer ein Rätsel bleiben. Gönnerschaft oder Glück? Die Goldsteinschen Erben blieben weiterhin – auch bis über das das Jahr 1945 hinaus – Eigentümer des Grundstücks und unterhielten noch während des Krieges ein Siechenheim der Jüdischen Kultusgemeinde.

Otto Morgenstern

Wie im gesamten Reich verloren auch die Steglitzer Juden nach und nach ihre Immobilien. Per Gesetz konnten sie ab 1938 zum »Verkauf« gezwungen werden. Da Immobilien in jüdischem Besitz angeblich kaum etwas Wert seien, rechtfertigte das lächerlich niedrige Preise. So zahlte der Architekt des Berliner Olympiastadions Werner March einer Witwe jüdischer Abstammung für ein dreigeschossiges Mietshaus am Oehlertring 19 mit Fünf- und Sieben-Zimmer-Wohnungen 64.400 RM! 1968 veräußerte er das Trümmergrundstück wieder für 122.580 DM.

Schließlich soll hier noch die Rede von Otto Morgenstern sein. Der Gymnasialprofessor und Oberstudienrat lehrte von 1881 bis 1920 am Schiller-Gymnasium Latein, Griechisch, Hebräisch, Englisch und wohnte in der Lichterfelder Söhtstraße 2. Obwohl von Geburt an getaufter evangelischer Christ, wurde er von den Nazis seiner jüdischen Herkunft wegen entlassen. Er soll 1938 (im Alter von 78 Jahren) in Steglitz als Straßenkehrer eingesetzt gewesen sein. 1942 deportierten ihn die Nazis ins KZ Theresienstadt, wo er am 28. November 1942 starb. Zu seinem Gedenken wurde die Bismarckstraße 1961 in Morgensternstraße umbenannt. Eine Gedenktafel an seinem Wohnhaus und ein 2005 davor verlegter Stolperstein erinnern auch an ihn.

Die Verfolgung evangelischer Pfarrer

Auch gegen oppositionelle Geistliche gingen die Nazis von Anfang an rücksichtslos vor. Darunter hatte vor allem die »renitente« Markus-Gemeinde zu leiden. Am 2. Juli 1933 wurde Pfarrer Otto Großmann während eines Gottesdienstes festgenommen, Pfarrer Wendland 1934 abgesetzt. 1935 tagte die 3. Bekenntnissynode der preußischen Landeskirche im Gemeindehaus in der Albrechtstraße 81/82, nachdem es zu Massenverhaftungen von Bekenntnispfarrern gekommen war. In Preußen hatte man 715, allein in Berlin 130 Pfarrer verhaftet. Auf der Synode wurden mutig Amtsenthebungen und Inhaftierungen von Pfarrern kritisiert.

Als 1939 der Zweite Weltkrieg ausbrach, bezeichnete Pfarrer Dr. Friedrich Flemming, seit 1936 an der Markus-Kirche tätig, den Krieg in einem Gemeindebrief als schwere Heimsuchung und bitteres Unrecht. Ein Beamter des Kirchenministeriums leitete diesen Brief an die Gestapo weiter, die am 5. Oktober 1939 die Festnahme Flemmings veranlasste.

Flemming war schon vorher »aufsässig« gewesen, weshalb man ihn aus Westfalen 1937 nach Steglitz »strafversetzt« hatte. Und wieder stellte sich die Offizialkirche an die Seite des Staates: Sie enthob Flemming am 20. Oktober seines Amtes. Nur das engagierte Eintreten einiger Persönlichkeiten retteten den Pfarrer vor KZ bzw. Hinrichtung. Nachdem er während der Nazizeit aus Berlin ausgewiesen worden war, diente er seiner Gemeinde noch bis 1964.

Auch in anderen Gemeinden gab es Pfarrer der Bekennenden Kirche, die sich gegen das nationalsozialistische Regime stellten. Stellvertretend für viele aufrechte Steglitzer Bekenntnispfarrer sei hier der Name von Gustav von Lutzki genannt, seit 1927 Pfarrer an der Lichterfelder Petrus-Gemeinde. Bereits 1935 hatte er sich abfällig und kritisch über den Reichsinnenminister geäußert, was ihm eine Verwarnung der Generalstaatsanwaltschaft einbrachte. Als er wiederholt Kritik an Partei und Staat im Konfirmandenunterricht äußerte, wurde er aus diesem Kreis im Oktober 1941 denunziert und am 20. Januar 1942 verhaftet. Mit der Begründung, er habe Misstrauen gegen den Staat und die oberste Führung »in die Herzen seiner jugendlichen Zuhörer« gesät, erhielt er am 27. Juli eine zweijährige Gefängnisstrafe, die er in Tegel absitzen musste.

Trotz weitgehender Akzeptanz, ja in gewisser Weise Sympathien für die Nazis gab es in Steglitz aber auch Männer und Frauen, deren Namen an den Widerstand gegen Hitler erinnern. So zählte der »Kreisauer Kreis« zu den bedeutenden Kräften im deutschen Widerstand, der nicht nur Hitler stürzen, sondern politische Vorstellungen für ein Deutschland nach der zu erwartenden Niederlage im Krieg entwickeln wollte. Treffpunkt für die Zusammenkünfte war das Haus des Ehepaares Yorck in der Lichterfelder Hortensienstraße 50. Hier trafen sich 1942/43 die Grafen Moltke und Yorck mit Sozialdemokraten wie Julius Leber, mit Juristen, Volkswirtschaftlern, Staatsrechtlern und Christen. Yorck und Moltke wurden nach dem fehlgeschlagenen Stauffenberg-Attentat 1944 bzw. 1945 in Plötzensee hingerichtet.

Generaloberst Beck, der in der Lichterfelder Goethestraße 24 wohnte und an den eine Gedenktafel am Haus erinnert, war ebenfalls einer jener Militärs, die zunehmend auf Distanz zum NS-Regime gingen. Er hielt die Kriegspläne für unverantwortlich und trat am 18. August 1938 als Generalstabschef zurück, nachdem er in mehreren Denkschriften Hitler vor der Zerschlagung der Tschechoslowakei gewarnt hatte. Die Folge davon, einen Weltkrieg, könne Deutschland nicht gewinnen; abgesehen von der militärischen Situation hielt er ihn auch moralisch für verwerflich. Im Verlauf des Krieges wurde Beck zur Schlüsselfigur des national-konservativen Widerstandes. Seit 1941 liefen in Becks Villa viele Fäden der Opposition zusammen. Nach der Beseitigung Hitlers sollte er Staatsoberhaupt werden. Er wurde noch am Tag des fehlgeschlagenen Attentats verhaftet und in seinem Arbeitszimmer erschossen.

Werner von Haeften, der am 20. Juli 1944 mit Stauffenberg als Adjudant nach Rastenburg flog, wurde nach dem gescheiterten Attentat im Hof des Bendlerblocks standrechtlich erschossen. Er hatte ebenfalls in Lichterfelde, in der Margartenstraße 19a, gewohnt.

Wilhelm Canaris, Chef der Abwehrabteilung, wurde 1944 entlassen und 1945 gehängt. Er wohnte im Oehlertring 19 und traf sich gelegentlich mit Reinhard Heydrich und seiner Frau, die in der Nähe wohnten. Lina Heydrich schreibt in ihren Erinnerungen: »1934 sind wir nach Berlin-Südende gezogen, wo wir bis 1937 wohnten. Im Frühjahr 1935, während eines Sonntagsspazierganges, trafen wir ein Ehepaar,

Amtlicher Stempel des Gefangenenlagers in der Wismarer Straße

das Reinhard überrascht und freudig begrüßte. Es waren Canaris und seine Frau. Sie wohnten in der gleichen Straße wie wir. Es wurde in den Kinderwagen geguckt und ein Treffen vereinbart. Bald gab es ein Hin und Her von Familie zu Familie.« Entweder wurde dann bei den Heydrichs im Garten Kricket gespielt oder Canaris lud in seine Wohnung und glänzte mit seinen Kochkünsten.

Widerstand gegen die Nazis war allerdings nicht die Regel. Der traurige Alltag bestand eher darin, dass in Sichtweite der 1936/37 errichteten SS-Siedlung am Ortlerweg an der Wismarer Straße 1942 ein Außenlager des KZ Sachsenhausen eingerichtet wurde, in dem 1.500 männliche Häftlinge in Holzbaracken untergebracht waren. Auf dem Areal Unter den Eichen–Schloßstraße–Hindenburgdamm–Geranienstraße befand sich bis 1942 ein Gefängnis für politische Gegner. Die 200 Häftlinge waren bei Bau- und Bombenräumkommandos eingesetzt; die Baracken nutzte man noch bis 1977 als Garagen.

Der Krieg, der von Deutschland ausgegangen war, kam nach Deutschland zurück. Eineinhalb Jahre nach Kriegsbeginn fiel Anfang 1941 die erste Bombe in Steglitz: Ein alliierter Bomber ließ aus unerklärlichen Gründen eine einzelne Bombe fallen, die das zweigeschossige Wohnhaus Maulbronner Ufer 24 traf. Es war erst 1933 errichtet worden. Die Eigentümer kamen dabei ums Leben; die Mieterin im Obergeschoss sei durch den Luftdruck auf einem Sofa liegend in den Garten geflogen. Der schwerste Bombenangriff des gesamten Zweiten Weltkrieges traf Steglitz in der Nacht vom 23. zum 24. August 1943. Eine gewaltige Flotte von 727 Flugzeugen war von England über Holland nach Berlin geflogen, um das Stadtzentrum zu bombardieren. Zur Täuschung der Berliner Luftabwehr zogen die Bomber fünfzig Kilometer an Berlin vorbei, um dann in einer Kehrtwendung zur Stadtmitte zu fliegen. Durch starken Flakbeschuss hatten die Bomber jedoch die Orientierung verloren und warfen 1.700 Tonnen Bomben auch auf die südlichen Bezirke, insbesondere Steglitz. 854 Menschen kamen ums Leben. 85 Prozent von Lankwitz und Südende sind in einer Nacht ebenso zerstört worden wie Teile von Steglitz und Lichterfelde. Kirchen, Schulen, Postämter, Krankenhäuser, Rathäuser und nicht zuletzt Wohnhäuser. Ein unbekannter Augenzeuge hat den Angriff auf das St. Annastift, ein Kleinkinderheim in Südende, miterlebt:

»So ahnten auch wir nicht, was diese Nacht für uns bedeuten sollte, als wir beim Ertönen der Sirene um 23.45 Uhr … die Luftschutzkeller aufsuchten … Wir erwarteten die Entwarnung, als plötzlich zehn Minuten vor ein Uhr heftiges Flakschießen einsetzte, das bald übertönt wurde vom Zischen heruntersausender Bomben … Da plötzlich ein helles Flackern, im Keller des Säuglingsheimes brannte es … Zur gleichen Zeit bemühten sich die Schwestern im Säuglingsheim, ihre Schützlinge in Sicherheit zu bringen … Wir trugen die (55) Kinder durch Funkenregen und Rauch in ein nahegelegenes Bahnwärterhäuschen. Als die Kinder untergebracht waren, fing auch dieses an zu brennen, und wir standen wieder auf der Straße zwischen Funken und explodierenden Zeitzündern … Wir wollten zum Annahaus zurück … Wir eilten zur Einschlagstelle … Wir starrten immer wieder auf die Trümmer – es war uns unfasslich, dass diese Stelle das Grab von 13 Schwestern, 9 Kindern und zwei Hausangestellten sein sollte … Heller

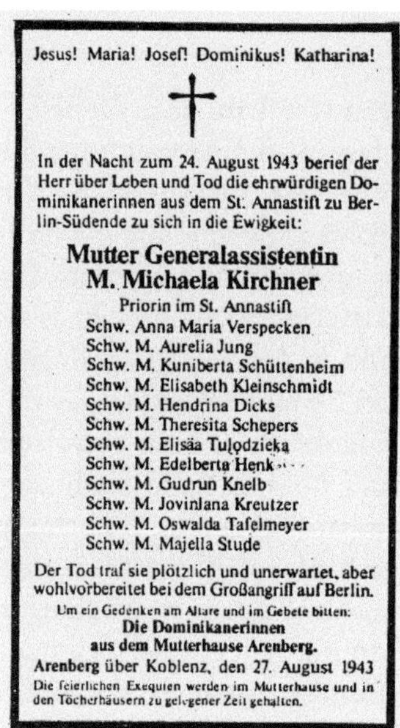

Jesus! Maria! Josef! Dominikus! Katharina!

In der Nacht zum 24. August 1943 berief der Herr über Leben und Tod die ehrwürdigen Dominikanerinnen aus dem St. Annastift zu Berlin-Südende zu sich in die Ewigkeit:

Mutter Generalassistentin
M. Michaela Kirchner
Priorin im St. Annastift
Schw. Anna Maria Verspecken
Schw. M. Aurelia Jung
Schw. M. Kuniberta Schüttenheim
Schw. M. Elisabeth Kleinschmidt
Schw. M. Hendrina Dicks
Schw. M. Theresita Schepers
Schw. M. Elisäa Tulodzieka
Schw. M. Edelberta Henk
Schw. M. Gudrun Knelb
Schw. M. Jovinlana Kreutzer
Schw. M. Oswalda Tafelmeyer
Schw. M. Majella Stude

Der Tod traf sie plötzlich und unerwartet, aber wohlvorbereitet bei dem Großangriff auf Berlin.

Um ein Gedenken am Altare und im Gebete bitten:
Die Dominikanerinnen
aus dem Mutterhause Arenberg.

Arenberg über Koblenz, den 27. August 1943

Die feierlichen Exequien werden im Mutterhause und in den Töcherhäusern zu gelegener Zeit gehalten.

Todesanzeige für die ums Leben gekommenen Schwestern des St. Annastiftes

Tag ist es an diesem schicksalsschweren 24. August 1943 nicht geworden. Gegen 12 Uhr erschien die Sonne wie ein kleiner glutroter Ball am Himmel und schaute durch Rauch und Wolken von Kalk und Ruß auf die Erde herab.«

Ein benachbartes Säuglingsheim, das Heim der Christkönigschwestern in Alt-Lankwitz, war vorsichtshalber am 18. August nach Bad Wörrishofen evakuiert worden. Eberhard Bergemann erinnert sich an die Zeit nach dem Angriff. Er hatte sich mit seiner Mutter durch Zufall nicht in seiner Wohnung unweit der Siemensbrücke am Teltowkanal aufgehalten, sondern bei den Großeltern in der Steglitzer Gravelottestraße: »Nach dem Alarm der Blick in Richtung Lankwitz. Der Himmel war blutrot. Die Augen tränten vom Qualm, der durch den Stadtpark wehte. Am (nächsten) Morgen marschierten wir los ... Weit kamen wir nicht. An der Stindestraße war Schluss. Alles abgesperrt. Meine Mutter verhandelte mit den Posten. ›Nichts zu machen! Erstens liegen hier noch überall Blindgänger und außerdem steht da vorne sowieso nichts mehr. Also kehrt, zurück zur Brücke an der Johanna-Stegen-Straße ... und dann zur Siemensstraße. Die Augen tränten vom Qualm und bei

Ruinen des viergeschossigen Hauses Kissinger Straße 5/Horst-Kohl-Straße 17, das sich Max Triebler 1910/11 errichten ließ

meiner Mutter ein Weilchen später, als sie unser Wohnhaus als schwelende Ruine sah, vor Schmerz, wohl auch vor Wut, dass von ihrer Habe nun nichts mehr übrig war.«

Am nächsten Morgen soll Goebbels nach Lankwitz gekommen sein, um die Bevölkerung, die hilflos durch die Trümmer irrte, moralisch »aufzurüsten«.

Kriegsende

Die 1. Ukrainische Front rückte von Süden und Südosten her auf Steglitz vor. Der Teltowkanal war als eine Verteidigungslinie mit MG-Ständen und Raketenwerfern verstärkt worden, wurde aber noch am Tage des Angriffs, am 24. April, von den russischen Truppen überrannt. Am Rathaus Steglitz weigerte sich unterdessen ein bis heute unbekannter deutscher Soldat, den sinnlosen Kampf fortzusetzen. Er wurde am selben Tag am Straßenbahnmast vor dem Haus Albrechtstraße 2 erhängt. Die Tafel um seinen Hals trug die Aufschrift »Ich bin ein Verräter«. Seit 2009 erinnert eine Gedenkstele auf dem Hermann-Ehlers-Platz daran.

Die teilzerstörte Feuer- und Rauchlose Siedlung

Harald Nehring, 1945 noch ein kleiner Junge, erzählt: »Als ich zum Bunker (wahrscheinlich Tierheimbunker) kam, sah ich den ersten Russen. Er lag vor der Gärtnerei Kuschel, seine Stiefel sahen aus wie rot lackiert. Es war Blut. Sein Gesicht war aschgrau, als ich zu ihm ging, flüsterte er: ›Wasser, Wasser‹ … Ich rannte in die Gärtnerei … Als ich wieder hinaus auf den Zietenweg kam, bemühten sich schon Männer aus dem Bunker um den verwundeten Russen … Einige Frauen meldeten, ein russischer Lastwagen sei gekommen, um den Verwundeten zu holen, und ihre Männer, die ihm geholfen hatten, seien ebenfalls mitgenommen worden. Die Frauen waren vor Angst wie gelähmt, aber auf einmal waren die Männer wieder da, reich mit Lebensmitteln beschenkt.«

Rudolf Möller erlebte das Kriegsende in Lichterfelde West: »Am Morgen des 25. April ist von deutschen Soldaten oder Volkssturmleuten nichts mehr zu sehen …, es erscheinen die ersten russischen Soldaten auf der Straße. Sie kommen in Gruppen zu drei bis sechs Mann, junge Burschen im Alter von 18 bis 25 Jahren … Sie treten in jedes Haus, richten die Pistolen auf alle, fragen nach Waffen, Soldaten und fühlen jeden nach Waffen ab, um die Uhren und andere Gegenstände, Taschenlampen usw. abzunehmen … Die Burschen scheinen Zeit zu haben; sie setzen sich in die Wohnungen, trinken, wo sie etwas bekommen, und durchsuchen mit viel Ruhe und Geduld alle Kästen, Koffer und Verstecke nach Wertsachen. In bewohnten Häusern geht das Suchen in gerade noch erträglichen Formen vor sich, anders in unbewohnten Häusern oder Wohnungen; dort wird regelrecht gehaust, oft vieles oder das meiste einfach zerschlagen. Selbst nachts erscheinen die Plünderer. Da die Häuser nicht verschlossen werden dürfen, haben die Marodeure stets freies Feld vor sich, verschlossene Türen werden einfach eingeschlagen. Vom Tage des Russeneinzuges an beginnt das furchtbarste Kapitel des Krieges für die Bevölkerung: die Jagd auf Mädchen und Frauen. Sie sind im wahrsten Sinne vogelfrei für die Soldateska …«

Die Zerstörungen des Zweiten Weltkrieges waren in Steglitz verheerend gewesen. Der Bezirk hatte mehr als die Hälfte, Lankwitz sogar rund zwei Drittel seiner Einwohner verloren; 45 Prozent der Wohnungen waren total zerstört oder schwer beschädigt, in Lankwitz und Südende vier Fünftel der Wohnungen vernichtet oder unbewohnbar geworden. Das Bismarckviertel rings um den Lauenburger Platz hatte es besonders schwer getroffen. Auf dem Fichtenberg waren 25 Prozent aller Häuser beschädigt, ein Viertel davon so schwer, dass sie abgerissen werden mussten. Übrigens war die Beseitigung von »Fliegerschäden« während des Krieges nur in Ausnahmefällen erlaubt. Eine »Richtlinie für die Ausführung von Bauarbeiten zur Beseitigung von Fliegerschäden an Wohn- und gewerblichen Gebäuden« vom 15. September 1943 sah unter anderem vor, dass keine Dachrinnen angebracht, keine Außenputzarbeiten durchgeführt und keine Doppelfenster eingesetzt werden durften. Außerdem waren Malerarbeiten ausschließlich in der Küche erlaubt, Türen durften nur ohne Füllung eingesetzt werden, Bäder waren überhaupt nicht vorgesehen.

Die Trümmermassen in Steglitz sind auf 5,8 Millionen Kubikmeter geschätzt worden. Diese Zahl bekommt ihren Stellenwert aber erst, wenn man weiß, dass nur noch für die Bezirke Mitte, Tiergarten und Friedrichshain höhere Schätzungen vorlagen. Selbst Innenstadtbezirke wie Kreuzberg (5,0 Millionen Kubikmeter) und Wedding (3,9 Millionen Kubikmeter) waren offensichtlich weniger stark zerstört als Steglitz. Schlimmer aber war das unermessliche menschliche Leid, das sich nicht in Zahlen ausdrücken lässt.

ZWISCHEN WIRTSCHAFTSWUNDER UND WIEDERVEREINIGUNG

Steglitz wird »amerikanisch«

Als am 1. Juli 1945 erste Truppen der amerikanischen First Allied Airborn Army über die Autobahn kommend in Zehlendorf eintrafen, mussten sie erst einmal im Grunewald kampieren. Die offizielle Übergabe der Westsektoren war am 4. Juli um 24 Uhr vorgesehen. Die Sowjets zogen ihre Stäbe aber erst am 12. Juli zurück, so dass eine Woche lang zwei Siegermächte zugleich Weisungsbefugnis gegenüber den Deutschen beanspruchten.

Im Juli 1945 übernahmen die Amerikaner von den Sowjets auch die Kadettenanstalt. Die Kaserne wurde »Andrew-Barracks« getauft, dem Haupthaus der Name »Steubenhaus« verliehen. Da 1945 die Kasernen am Gardeschützenweg und der Finckensteinallee nicht ausreichten, wurde zusätzlich das Telefunkenwerk an der Goerzallee belegt. Zuvor waren hier zwei sowjetische Kompanien stationiert gewesen. Das Werk hieß fortan »McNair-Kaserne«; der Name bezog sich auf Generalleutnant Lesly J. McNair, der 1944 in der Normandie gefallen war. Auf der anderen Seite der Goerzallee befand sich das 8,5 Hektar große »Infantry Motor Pool«. Es handelte sich um ein Depot für Radpanzer, Jeeps und anderes Material. Heute haben sich dort Großmärkte etabliert.

Gleichzeitig wurden nach dem Stand vom Dezember 1945 in Steglitz 387 Häuser und Wohnungen beschlagnahmt – für Dienststellen, Clubs, Offiziersmessen, Kantinen, aber auch Wohnungen für Offiziere und ihre Familien. Die beschlagnahmten Objekte wurden in der Regel bis 1952 wieder geräumt. Zudem baute das amerikanische Militär verstärkt Wohnungen für Familienangehörige, um den Berliner Wohnungsmarkt nicht zusätzlich zu belasten. Eine dieser Wohnsiedlung entstand auf dem Gelände der Kadettenanstalt an der Baseler Straße. Die Amerikaner setzten ebenso die Verwaltung wieder in Gang, wobei sie sich auf Vorarbeiten der Sowjets stützen konnten. Der Bezirkskommandant der US-Army, Elmer G. Stahl, residierte übrigens nicht im

Die Kirche auf dem Gelände der McNair-Kaserne 1990

Steglitzer Rathaus, sondern in der Kaiser-Wilhelm-Straße 4. Im Bezirksamt saß ein Verbindungsoffizier. Erst ab dem 31. Dezember 1949 wurden die bezirklichen Verbindungsoffiziere zurückgezogen. Fortan gab es nur noch im Schöneberger Rathaus Verbindungsoffiziere für alle drei Westsektoren.

Andere nichtmilitärische Einrichtungen kamen auf dem Kasernengelände unter. So baute das US-Militär 1953 auf dem Gelände der Andrew-Barracks für 450.000 DM eine Kirche mit 350 Plätzen. Der im Krieg stark zerstörte »Kadettendom« mit den beiden Kirchen wurde im selben Jahr gesprengt. Ferner baute man unter anderem 1957 den Westflügel des zerstörten Nordost-Mannschaftsgebäudes abweichend von der alten Gestaltung und dem alten Grundriss wieder auf. Daher sind die meisten Gebäude der ehemaligen Hauptkadettenanstalt heute jüngeren Datums. Nur der nordöstliche Kasernenflügel an der Theklastraße stammt noch aus der Anfangszeit. Seit 1974 betrieb die US-Army in den Andrew-Barracks sogar eine eigene Bodenstation für Satellitenkommunikation. Mit den Amerikanern kam aber zugleich auch eine andere Kultur in die Stadt. Vom Titania-Palast wird noch die Rede sein, aber auch sonst swingte und jazzte plötzlich der gesamte Südwesten. Und das war vor allem für die junge Generation in Steglitz ein nicht zu überhörendes Zeichen, dass der Krieg endgültig vorbei war.

Wiederaufbau

Die Wohnungsnot nach Kriegsende führte zum schnellen Aufbau von Notunterkünften. Sowohl im Bereich der Lankwitzer Belßstraße (1950–1953) als auch am Woltmannweg in Lichterfelde Süd (1952–1954) entstanden Notsiedlungen. Dort wurden aber auch Räumungspflichtige – meist aus Sanierungsgebieten – untergebracht, die unverschuldet in Not geraten waren. Die 20 zweigeschossigen Häuserzeilen waren in sogenannter Schlichtbauweise errichtet worden. Hier lebten 2.000 Bewohner, darunter 1.100 Kinder und Jugendliche in 458 Wohnungen auf engstem Raum. Die Belegungsdichte betrug teilweise weniger als sechs Quadratmeter pro Person. Die beengten und schlechten Wohnverhältnisse sowie das sozial bedingte Konfliktpotential brachten der Lichterfelder Siedlung bald den abfälligen Spitznamen »Mau-Mau-Siedlung« ein. Sie wurde ab 1977 im Zusammenhang mit dem Bau der benachbarten Thermometer-Siedlung nach und nach saniert.

In den 1950er Jahren setzte verstärkt der Soziale Wohnungsbau ein. Dazu gehören zum Beispiel auch die Bauten an der Bruchwitz-/Bernkasteler Straße aus dem Jahr 1958. Aus demselben Jahr stammt die Siedlung am Lankwitzer Gemeindepark mit 872 Wohnungen, die auf ehemaligem Kleingartengelände entstand.

Zum Teil wirkten bekannte Architekten bei der Nachkriegsbebauung in Steglitz mit. Ein Beispiel dafür ist das leicht geschwungene Haus in der Bismarckstraße 34/35, das nach Plänen von Max Taut 1958/59 erbaut wurde. Das Gebäude der GSW mit den 171 Wohnungen steht seit 1993 unter Denkmalschutz.

In Lichterfelde entstanden Ende der 1950er und Anfang der 1960er Jahre mehrere Einfamilienreihenhaussiedlungen, so 1956/57 an der Goerzallee und am Engadiner Weg, am Ruthner Weg und in der Luzerner Straße. In Lichterfelde Süd, unmittelbar an der damaligen Grenze zur DDR, errichtete die »Neue Heimat« 1964 131 Reihenhäuser. In den Jahren 1980 bis 1982 wurden westlich vom Bahnhof nach und nach die letzten freien Areale zugebaut.

Emblem der Bürgerinitiative Kadettenweg 64

Neben dem Bau von Wohnhäusern mussten aber auch die Kriegsruinen abgerissen werden. Abgebrochen wurde unter anderem das Gesellschaftshaus am Jungfernstieg 14, später ein jüdisches Sanatorium. Zwar war die Villa ausgebrannt, aber bis in die 1950er Jahre hinein wurde das große Grundstück noch von verschiedenen Firmen genutzt. Eigentümer waren nach wie vor die Goldsteinschen Erben, vertreten durch die Preußische Vermögensverwaltung AG. 1962/63 wurde das gesamte Gelände abgeräumt und mit dreistöckigen Neubauten besetzt.

Leider riss man nicht nur Kriegsruinen, sondern auch erhaltenswerte Bausubstanz ab. Darunter waren viele Lichterfelder Villen. Als im Kadettenweg 64 eine alte Villa, erbaut 1891/92, durch einen gesichtslosen Neubaukomplex ersetzt werden sollte, gründete sich 1975 die Bürgerinitiative Kadettenweg 64. Unter dem Symbol der schwarzen Rose kämpfte sie fortan gegen die weitere Zerstörung der Lichterfelder Villengegend.

Am 10. Oktober 1978 verabschiedete das Abgeordnetenhaus die Verordnung über den geschützten Baubereich in Lichterfelde West. In diesem Zusammenhang entstand das Nachtwächterlied, das ein Mitglied der Bürgerinitiative geschrieben hatte und in dem es u.a. heißt: »Hört, ihr Bürger, lasst Euch sagen, jetzt hat's endlich eingeschlagen. Lichterfelde wird sogleich ein geschützter Baubereich! Hört, ihr Bürger, lasst Euch sagen, unsre Uhr hat zehn geschlagen. Schaut auf's leere

Nachbarhaus, sonst brennt dort der Dachstuhl aus! Hört, ihr Bürger, lasst Euch sagen, endlich sind wir eingetragen – einem Wunder kommt es gleich – als geschützter Baubereich …«

Doch nicht nur Wohnungen wurden gebaut, genauso dringlich war die Instandsetzung bzw. der Neubau von Schulen. Heftigen Ärger gab es seit 1986 um das Tannenberg-Gymnasium. Der Name »Tannenberg« war 1945 von den Alliierten zunächst aufgehoben, seit 1953 aber wieder verwendet worden. Er steht für zwei Ereignisse, die in der deutschen Geschichte mehrfach nationalistisch überbetont wurden, zuletzt im Dritten Reich: 1410 wurde das Heer des Deutschen Ritterordens durch ein vereintes polnisch-litauisches Heer bei Tannenberg besiegt, und Ende August 1914 schlug die 8. deutsche Armee unter Paul Hindenburg dort eine russische Armee.

Aufgrund der kriegerischen Ereignisse, die an den Namen erinnern, beauftragte die Schulkonferenz der Schule das Bezirksamt am 25. Februar 1986 mit einer Namensänderung. Die SPD, die Alternative Liste und der Deutsche Gewerkschaftsbund unterstützten das Vorhaben mit dem Argument, die »Tannenberg-Schule« sei wohl die einzige Schule in Deutschland, die nach einer Schlacht benannt sei. Es gab ein langes Hin und Her. Zunächst lehnte die Steglitzer Bezirksverordnetenversammlung 1986 eine Namensänderung ab. Als es nach den Wahlen im Januar 1989 zu einer Veränderung der politischen Kräfte kam, stimmte die BVV am 20. September 1989 mit den Stimmen von SPD, AL und FDP gegen die der CDU und Republikaner für eine Änderung des Namens. Am 1. August 1990 erhielt die Schule den Namen von Willi Graf, der als Mitglied der Widerstandsorganisation »Weiße Rose« 1943 von den Nationalsozialisten enthauptet worden war.

In den Jahren 1955/56 wurden die Dorfkirchen in Lankwitz und Giesensdorf wieder aufgebaut. Dabei setzte man auch die reparaturbedürftige Giesensdorfer Friedhofsmauer instand und verwendete Findlinge, die beim Abbruch des Lankwitzer Schlosses anfielen. So sitzt heute ein altes Stück Lankwitz in der Giesensdorfer Kirchhofsmauer.

Die Südender Katholiken hatten ihre Kirche bereits 1951 wieder aufgebaut, während die Südender Protestanten seit 1956 ihre Gottesdienste im »Paresü« abhielten. Amerikanische Pioniere halfen, das Kirchengrundstück zu enttrümmern. 1958 konnte die Gemeinde dann ihre rekonstruierte Kirche nutzen. Blickfang im Inneren ist der größte Wandteppich Berlins im Altarraum. Er hat ein Format von 2,30 Me-

Die 1981 errichtete evangelische Kirche der Johann-Sebastian-Bach-Kirchengemeinde

ter x 4,20 Meter und stellt nach einem Entwurf von Professor Kirchberger den »kommenden Christus« und das »Jüngste Gericht« dar. Die Webmeisterin Sunhilt Peters hatte diesen Teppich in halbjähriger, täglich 15-stündiger Arbeit geschaffen. Im Juli 1961 erhielt die Kirche den Namen »Zur Wiederkunft Christi«.

Der große Bevölkerungszuwachs führte in den 1960er Jahren verstärkt dazu, Kirchengemeinden zu teilen und neue Kirchen zu bauen. Jüngst geht man den umgekehrten Weg und fusioniert Kirchengemeinden aus Kostengründen.

Am Fichtenberg, Grunewaldstraße 35, nutzten indes die Amerikaner das kaum zerstörte Verwaltungsgebäude der Deutschen Forschungsgemeinschaft von 1939 als Konsulat. Für kurze Zeit fand danach das Verwaltungsgericht Berlin eine Unterkunft. Anschließend war das Geographische Institut der Freien Universität (FU) dort vier Jahrzehnte ansässig, bevor es auf das Lankwitzer FU-Gelände an der Malteser Straße umzog. Heute nutzt das Institut für Theaterwissenschaft das Haus. Nach dem Zweiten Weltkrieg siedelten sich weitere wissenschaftliche Institutionen auf dem Fichtenberg an. So konnte zum Beispiel die Gesellschaft für Erdkunde anstelle einer alten Villa im Jahre 1966 ihre neuen Räume in der Arno-Holz-Straße beziehen.

Bestimmten zu Beginn der Bebauung hauptsächlich repräsentative Landhäuser und nach dem Ersten Weltkrieg meist kleinere, schlichtere Villen die Architektur des Fichtenberges, so entstanden nunmehr auch Reihenhäuser und Eigentumswohnungen. Veränderungen zeigten sich ebenfalls in der sozialen Struktur der Bewohner: Wohnten anfangs Gelehrte, Großindustrielle und höhere Beamte hier, so sind heute Beamte und Angestellte der Mittelschicht ebenso ansässig wie wissenschaftliche, soziale und wirtschaftliche Institutionen, wozu letztlich die Lage unmittelbar am Rand des Dahlemer Wissenschaftszentrums beigetragen hat. Andererseits war der Wert der Grundstücke erheblich gestiegen. Während sich die Bodenpreise in der Schloßstraße zwischen 1966 und 1986 nur verdoppelten, stiegen sie im Fichtenbergviertel im gleichen Zeitraum fast um das Siebenfache. Die absoluten Preise liegen allerdings in der Schloßstraße selbst drei- bis viermal höher als auf dem Fichtenberg. Als einziger Bereich des ehemaligen Steglitz mit offener Landhausbebauung blieb dieses Viertel aber größtenteils bestehen.

Anfang der 1960er Jahre entstand in Lichterfelde das Benjamin-Franklin-Klinikum. Ursprünglich sahen die Planer »nur« den Bau eines Schwerpunktkrankenhauses für den Berliner Süden vor. Durch die Unterstützung der Benjamin-Franklin-Stiftung wurde dann der Bau eines Universitätsklinikums möglich. Die Grundsteinlegung für das Hauptgebäude fand am 21. Oktober 1959 statt. Am 26. April 1964 konnte auf dem 180.000 Quadratmeter großen Gelände Richtfest, die Fertigstellung am 9. Oktober 1968 gefeiert werden. Der erste Patient war am 3. März 1969 – ein Schelm, wer Arges dabei denkt – ausgerechnet der Berliner Architekt Franz Mocken, der sich bei einem Autounfall einen komplizierten Bruch des Unterschenkels zugezogen hatte.

Der Bau gliedert sich in insgesamt 19 Kliniken mit etwa 1.000 Betten und zahlreichen Instituten, die auch für die medizinische Ausbildung genutzt werden. Als Nachfolgeeinrichtungen entstanden unter anderem das 1968/73 erbaute Institut für Hygiene und medizinische Mikrobiologie. 1994 – zum 25-jährigen Bestehen des Klinikums Steglitz (wie es bis dahin hieß) – wurde das Haus in »Universitätsklinikum Benjamin Franklin« umbenannt. Seit 2003 gehört es zur Charité.

Im Februar 1957 wurde in der Baseler Straße in Lichterfelde das erste jüdische Wohnheim in Europa eröffnet. Im selben Jahr begann der Bau

Der alte Wasserturm, der heute von den Meteorologen der FU genutzt wird

zum zweiten Altenwohnheim der jüdischen Gemeinde in der Baseler Straße 11. Der Architekt Josef Lellek errichtete auf dem Grundstück des ehemaligen israelitischen Lehrerinnenheims für 380.000 DM ein Haus mit 24 Wohneinheiten für 40 Personen.

Die Steglitzer Industriegebiete

Das Gewerbegebiet zwischen Teltowkanal und Siemensstraße im Bereich Birkbuschstraße/Wiesenweg war durch den Bau der Betriebsgebäude der »Neuen Photographischen Gesellschaft« ab 1896 entstanden. Am Wiesenweg/Siemensstraße befindet sich das Hauptpumpwerk Steglitz (seit 1895), ein Baumarkt und ein Hof der Stadtreinigung. Bis 1978 produzierte zudem Loewe-Opta am Steglitzer Hafen Rundfunk- und Fernsehgeräte, von 1979 bis zum Konkurs 1993 fertigte die Berthold AG hier Fotosetzmaschinen.

Heute befinden sich auf dem Gelände Büros wie für Steuerberater und Fachärzte. Der Gebäudekomplex entstand von 1939 bis 1941. In der Birkbuschstraße 54 wurde bis Oktober 2000 Rohkakao verarbeitet (jetzt Lidl).

In diesem Gebiet liegt auch das Kraftwerk Steglitz, das von 1911 bis 1996 in Betrieb war. Es liegt ebenso am Teltowkanal wie das Kraftwerk Lichterfelde, seinerzeit das einzige Ölkraftwerk Berlins. Bis es zum Bau kam, hagelte es schon 1969 Proteste. Anwohner und Umweltschützer waren mit dem Standort am Rande einer Kleingartenanlage und im Bereich einer alten Villenkolonie nicht einverstanden. Seit 1969 lieferten sich Bürgerinitiativen mit dem Senat, dem damaligen Stromversorger Bewag und den Politikern erregte Auseinandersetzungen. Dennoch wurde das Kraftwerk gebaut, zwischen 1972 und 1974 gingen die drei Blöcke schließlich ans Netz. 1983/84 wurde eine Rauchgasentschwefelungsanlage in Betrieb genommen. Seit 1998 ist das Kraftwerk komplett auf Erdgas umgestellt. Bis 2015 wird dort ein Maschinenhaus mit einer Gas- und Dampfturbine gebaut. Dafür werden die drei weithin sichtbaren Schlote und ein Kühlturm abgetragen.

Ein kleines Industrie- und Gewerbegebiet hat sich im Übergangsbereich zwischen Lichterfelde und Lankwitz an der Kaiser-Wilhelm- bzw. Lankwitzer Straße gebildet. Bereits 1906 wurden auf dem Grundstück Lankwitzer Straße 13/17 die Hollerithwerke gebaut. Die Erweiterungsbauten stammen aus den Jahren 1934/38. Nach dem Krieg wurden die Bauten zunächst von IBM, ab 1974 von der Post genutzt. Heute ist es ein Berufsbildungszentrum. Das Produktionsgebäude in der Kaiser-Wilhelm-Straße 5/11, seit Jahren von einer Druckerei genutzt, entstand erst 1987/88 auf einem Freigelände.

Das umfangreichste Industriegebiet liegt jedoch am westlichen Ende der Goerzallee. Es gehörte bis 1938 zu Zehlendorf. Als erster Betrieb siedelte sich hier 1908 die Elberfelder Papierfabrik östlich von Schönow an. 1919 stellte der Betrieb die Produktion auf Viskose-Kunstseide um. Daraufhin nannte sich die Firma »Spinnstoffabrik Zehlendorf GmbH«, kurz »Spinne« genannt. Im selben Jahr begann man mit der Herstellung von Zellwolle. 1960 erwarb die Hoechst AG den Betrieb.

Im Jahr 1916 eröffneten die Goerzwerke, die zunächst 1897 in Friedenau optische und feinmechanische Geräte gefertigt hatten, ihre Tore. Der in den Kriegsjahren expandierende Betrieb brauchte größere Produktionsstätten und ließ sich aus diesem Grund in Steglitz nieder. 1926 übernahm die Zeiss-Ikon AG das Werk. Die »Continental Elektroindustrie Aktiengesellschaft Askania-Werke in Berlin« errichteten ihre

Werksgebäude zwischen 1934 und 1941 an der Goerzallee 309. Westlich des Parkfriedhofs wurde 1937 das Telefunkenwerk errichtet, später eine Kaserne der US-Army. In den denkmalgeschützten Gebäuden entstanden hochwertige Lofts, die 2012 bezugsfertig waren.

Nach dem Zweiten Weltkrieg wurde der Industriestandort weiter ausgebaut. Zwischen Teltowkanal und Goerzallee siedelten sich Firmen wie Krone, Ford, Reese, Drendel und Zweiling sowie seit 1961 der größte Berliner VW-Händler Eduard Winter an.

Steglitz verkehrt

Nach dem Zweiten Weltkrieg wurde der S-Bahnhof Lankwitz, dessen Empfangsgebäude zerstört war, für einige Wochen zum Fernbahnhof. Da es keine Brücke mehr über den Teltowkanal gab, endeten alle aus Süden kommenden Züge hier. Ab 15. August 1946 fuhr die S-Bahn bereits wieder bis zum Potsdamer Platz und am 27. März 1949 bis Bernau. Die im August 1951 in Ost-Berlin stattfindenden Weltjugendfestspiele waren wohl der Grund dafür, dass am 7. Juli 1951 die S-Bahn-Strecke zwischen Teltow und Lichterfelde Süd elektrifiziert wurde. Die Freude darüber währte allerdings nicht lange, denn ab 1952 waren Fahrten ins Umland für West-Berliner verboten. Gleichzeitig wurde auch der Fernverkehr auf der Strecke eingestellt. Der mit dem Mauerbau 1961 zusammenhängende S-Bahn-Boykott führte zu dramatischen Einbrüchen bei den Fahrgastzahlen. Dem Betreiber der S-Bahn, der Reichsbahn mit Sitz in Ost-Berlin, sollte kein Geld für »Ulbrichts Stacheldraht« zufließen. Zwar stiegen die Fahrgastzahlen später wieder an, aber richtig erholt hat sich die S-Bahn von diesem Boykottaufruf nie mehr, zumal es keinen Fahrscheinverbund mit der BVG-West gab. So rumpelten die Züge im 20-Minuten-Takt nicht eben üppig besetzt über die maroden Gleise und durch morsche Bahnhöfe.

Das Empfangsgebäude vom Bahnhof Lichterfelde West verfiel nach dem Zweiten Weltkrieg zusehends. Der linke Flügel brannte im Juli 1965 aus. In den Jahren 1984/85 konnte das Gebäude nach den Plänen von Dieter Frohwein und Gerhard Spangenberg rekonstruiert werden. Im linken Flügel wurde in einem 74 Quadratmeter großen Saal ein Bürgertreff eingerichtet. Die Kosten von 2,6 Millionen DM kamen von der Verwaltung des ehemaligen Reichsbahnvermögens.

Der Bahnhof Lichterfelde West, Mitte der 1990er Jahre

Nach dem Reichsbahnerstreik 1980 wurde der S-Bahn-Verkehr drastisch eingeschränkt. Damit sank das Fahrgastaufkommen fast gegen Null. Das Kassenhäuschen auf dem Bahnhof Lichterfelde Süd wurde geschlossen. Brauchte man eine Fahrkarte, musste man zum Stellwerk laufen und sich dort bemerkbar machen. Dann wurde oben ein Fenster geöffnet und an einer Schnur ein Behälter heruntergelassen, in den man das Fahrgeld legte. Auf die gleiche Weise erhielt man dann die Fahrkarte.

Als die BVG am 9. Januar 1984 die S-Bahn in West-Berlin übernahm, wurde die Strecke Priesterweg–Lichterfelde Süd mit den Bahnhöfen Südende, Lankwitz, Lichterfelde Ost und Lichterfelde Süd erst einmal stillgelegt. Den Betrieb auf der Wannseebahn hatte die Reichsbahn schon 1980 eingestellt. Damit gab es im Bezirk Steglitz vorläufig keinen S-Bahn-Verkehr mehr. Zwar konnte die Wannseebahn nach umfangreichen Renovierungsarbeiten 1985 wieder den Betrieb aufnehmen, doch die Strecke Priesterweg–Lichterfelde Süd blieb weitere zehn Jahre tot. Zwischenzeitlich gab es ernsthafte Pläne, einen Schienenbus auf der S-Bahn-Strecke bis zum Bahnhof Priesterweg fahren zu lassen

In Zusammenhang mit der Wiedereröffnung der Teltowkanals wurde 1982 der Bau dieser Zollstation an der Wismarer Straße notwendig

und von dort über Straßen zum Rathaus Steglitz. Verwirklicht wurde diese Idee nie.

Im funktionslosen Bahnhof Lichterfelde Ost wurde von 1986 bis 1993 von Laien Theater gespielt. Erst 1995 ging die Strecke Priesterweg–Lichterfelde Ost wieder in Betrieb. Die Verlängerung bis Lichterfelde Süd erfolgte unter Einfügung der zusätzlichen Station »Osdorfer Straße«, die am 25. September 1998 in Betrieb ging. Seit dem 24. Februar 2005 fährt die S-Bahn bis Teltow Stadt. Geplant ist einmal, den Bahnhof Lankwitz zum Kreuzungspunkt mit der vom Rathaus Steglitz kommend U-Bahnlinie 9 zu machen. Es ist sogar daran gedacht worden, den Bahnhof so umzubauen, dass Züge der U- und S-Bahn am gleichen Bahnsteig halten können, um das Umsteigen zu erleichtern. Die desolate Finanzsituation wird die Verlängerung der U-Bahn bis nach Lankwitz allerdings auf absehbare Zeit verhindern.

Bei Kriegsende war der Verkehr auf dem Teltowkanal durch zerstörte Brücken völlig zum Erliegen gekommen. Die Böschung war zum Teil zerstört, und die Anlagen der Treidelbahn wurden demontiert. An manchen Stellen kann man heute noch die abgesägten Stümpfe der

Strommasten entdecken. Im Juni 1952 wurde der Teltowkanal von der DDR gesperrt und erst Ende 1978 stimmt die DDR nach langwierigen Verhandlungen einer Wiedereröffnung zu. Dieser war inzwischen zu großen Teilen verschlammt, außerdem für den modernen Schiffsverkehr zu schmal und zu flach. Daher wurde der Kanal bis auf 2,60 Meter ausgebaggert. Die Modernisierungsmaßnahmen riefen den Protest von Naturschützern hervor, die besonders durch die neu eingerammten Stahlspundwände eine Gefahr für die Tier- und Pflanzenwelt sahen. Daher wurden »Übergangsstellen« für Tiere eingerichtet. Am 20. November 1981 gab es nach fast 30 Jahren der Stille wieder Leben auf dem Teltowkanal. Seither wurde kräftig ausgebaut. Nach dem Mauerfall ist der Teltowkanal wieder eine der wichtigsten Berliner Wasserstraßen geworden, an der noch immer gebaut wird.

Am 1. April 1956 begann der Bau des Stadtautobahnrings mit mehreren Abzweigungen und Tangenten. Eine dieser Tangenten wurde in den 1960er Jahren parallel zur Schloßstraße gebaut. Sie sollte den Berliner Südwesten über den Potsdamer Platz mit dem Nordosten verbinden. Der Bau der Autobahn begann 1961. Sie wurde zwar weitgehend parallel zur S-Bahn geführt, dennoch mussten 84 Grundstücke für den Bau erworben werden. Da nicht alle Grundstücksfragen rechtzeitig geklärt werden konnten, entstanden Teilabschnitte der Schnellstraße, die direkt in Wohnblöcke mündeten. Der Autobahn fielen ganze Straßenzüge zum Opfer. So verschwand die Schadenrute, die von der Albrechtstraße westlich der Bahn bis zur Feuerbachbrücke verlief; die Akazienstraße, die die Schadenrute mit dem Jochemplatz verband und nur drei Grundstücke hatte, sowie die Straße »Am Markt«, etwa Schadenrute/Ecke Albrechtstraße. Außerdem wurde die östliche Seite der Düppelstraße abgerissen. So waren allein auf Steglitzer Gebiet 580 Wohnungen und das historische Bahnhofsgebäude am S-Bahnhof Steglitz vom Abriss betroffen.

Das 4,4 Kilometer lange Teilstück der Westtangente bis zum Sachsendamm kostete 95 Millionen DM. Es hat 13 Brücken, einen 280 Meter langen Tunnel und wurde von etwa 300 Arbeitern nach siebenjähriger Bauzeit fertiggestellt. Der Abschnitt ist am 20. September 1968 eröffnet worden. Im Zuge der Düppelstraße verläuft die Autobahn aufgeständert. Auf diese Weise konnten unter der Fahrbahn rund 320 Parkplätze eingerichtet werden. Als Zubringer zur Westtangente entstand der Wolfensteindamm östlich der Bahn vom Händelplatz bis

Kreuzung Schloßstraße/Grunewald- und Albrechtstraße in den 1950er bis 1960er Jahren. Rechts unten Reste des alten Dorfes – heute steht dort der Steglitzer Kreisel

zur Birkbuschstraße völlig neu. Hier mussten ein knappes Dutzend Wohnungen und einige Lagerschuppen abgerissen werden. Außerdem wurde die nur neun Meter lange alte Brücke südlich des S-Bahnhofes bei laufendem S-Bahnverkehr durch eine neue, 45 Meter lange Brücke ersetzt. Am 25. Juli 1967 konnte der neue Wolfensteindamm dann endlich dem Verkehr übergeben werden.

Schon 1967 waren die Arbeiten für das Steglitzer Kreuz begonnen worden. Dabei handelt es sich um den Anschluss der Westtangente an eine neue Straßenverbindung. Er führt von der Klingsor-/Ecke Albrechtstraße über die ebenfalls völlig neue Neue Filandastraße, die 600 Meter lange Hochstraße über die Westtangente und die Schloßstraße sowie weiter durch die Schildhornstraße zum Autobahnanschluss am Breitenbachplatz. Diese Hochstraße (amtlich: Joachim-Tiburtius-Brücke) wurde 1967 bis 1971 in Spannbetonweise errichtet. Dafür mussten mehr als 30 Häuser weichen, darunter auch das Haus Menckenstraße 28, das erst 1954 gebaut worden war. Eröffnet wurde der Autobahnanschluss am Breitenbachplatz am 11. Juni 1980. Die Gesamtkosten für den Bau der Westtangente sowie alle Anschlussbauten betrugen insgesamt 141 Millionen DM, wovon allein 22 Millionen für den Grundstückserwerb ausgegeben werden mussten. Dabei hat der Bau der Westtangente die Schloßstraße nur unwesentlich vom Autoverkehr entlastet und damit seine eigentliche Zielsetzung verfehlt. Im Gegenteil: Das Verkehrsaufkommen in der Umgebung hat eher noch zugenommen.

Die Schloßstraße – Konkurrenz zum Ku'damm

Viele Geschäfte der Bekleidungsbranche aus der alten Berliner City, die im Krieg stark zerstört worden waren und später zu Ost-Berlin gehörten, ließen sich nach 1945 in der Steglitzer Schloßstraße nieder. Damit übernahm die Schloßstraße das Erbe der Leipziger Straße in Mitte und war neben dem Kurfürstendamm die bevorzugte Einkaufsmeile des Berliner Südwestens.

In den zweiten und dritten Geschossen der Wohnhäuser haben sich heute meist Rechtsanwaltskanzleien und Arztpraxen angesiedelt. Die Wohnfunktion ist oft nur auf die oberen Stockwerke beschränkt. In den Nebenstraßen wird häufig schon im zweiten oder dritten Haus auch das Erdgeschoss bewohnt, die Konzentration von Geschäften hört schlagartig auf. Lediglich in der Albrecht- und der Schildhornstraße setzt sich das Geschäftsambiente fast nahtlos fort. In der Schildhornstraße war vor allem die Fleischerei »Gunia«, die 1956 öffnete, den Steglitzern ein Begriff. In dem Wurfzettel, der in vielen Steglitzer Briefkästen lag, hieß es damals: »Achtung Hausfrauen! Eröffne am 15. März 1956 als Spätheimkehrer in Berlin-Steglitz, Schildhornstraße 97 (½ Minute von der Schloßstraße entfernt) eine Fleischerei verbunden mit Frühstücksstube. Es wird mein Bestreben sein, meine verehrte Kundschaft jederzeit mit preiswerter und guter Qualitätsware zu beliefern. Ich würde mich freuen, auch Sie zu meinen Kunden zählen zu dürfen. Ch. Gunia und Frau«. Die Fleischerei musste Anfang der 1990er Jahre schließen – wie andere traditionsreiche Geschäfte, so das Delikatessengeschäft »Nöthling« oder die über 80 Jahre alte Eisenwarenhandlung an der Albrecht-/Ecke Elisenstraße.

Neben den zahlreichen Einzelhandelsgeschäften sind es vor allem die Warenhäuser, die das Fluidum der Schloßstraße prägen. Schon 1927 bzw. 1928 hatten Karstadt und Wertheim die Grundstücke ge-

Bis 2005 stand das Kaufhaus Hertie am Walther-Schreiber-Platz

kauft, auf denen die Warenhäuser heute stehen. Dabei hatten sie allerdings darauf spekuliert, dass bald die U-Bahn gebaut werden würde; sie kam erst gut vier Jahrzehnte später.

Das heutige Wertheimgrundstück (Schloßstraße 11–15) gehörte ehemals den Erben Heeses. Bereits 1929 lag ein Architekturentwurf vor. Im selben Jahr wurde eine Baugrube ausgehoben, allerdings dürfte kurz darauf klar geworden sein, dass sich das Bauvorhaben aus wirtschaftlichen und politischen Gründen vorerst nicht verwirklichen ließ. Gleich nach Kriegsende eröffnete Wertheim im ehemaligen Kaufhaus Feidt im Sommer eine Filiale, die bis 1952 bestand, dem Jahr, in dem Wertheim sein neues Haus, einen Stahlbetonskelettbau, bezog. Es wurde Ende März 2009 geschlossen und bis auf die denkmalgeschützte Fassade 2009/10 abgerissen. Im Frühjahr 2012 eröffnete an gleicher Stelle das Einkaufszentrum »Boulevard Berlin« mit 76.000 Quadratmetern Gesamtmietfläche und ca. 180 Geschäften.

Dies war nicht der einzige Abriss, denn die Schloßstraße befindet sich seit einigen Jahren in einem durchgreifenden Wandel durch Abriss und Neubau. Das Kaufhaus Hertie am Walther-Schreiber-Platz

Oben die ruhige Schildhornstraße um 1925, unten der gleiche Blickwinkel 1988

Oben das Kaufhaus Wertheim; unten das Kaufhaus Hertie am Walther-Schreiber-Platz. Das obere Foto wurde Mitte bis Ende der 1960er Jahre aufgenommen, das untere Foto Ende der 1950er Jahre

Das Karstadt-Grundstück 1952, am rechten Bildrand der Titania-Palast

lag zwar bereits in Schöneberg (Grenze ist die Bornstraße), aber das Grundstück gehört eigentlich zur Einkaufsmeile Schloßstraße. Ursprünglich stand an dieser Stelle ein viergeschossiges Mietshaus aus dem Jahre 1905. Bei einem Luftangriff 1942 brannte es ab. Nach dem Krieg ließen sich zunächst Schausteller auf dem abgeräumten Gelände nieder. 1953 errichtete der Held-Hertie-Konzern dort das Kaufhaus Held, das 1974 in Hertie umbenannt wurde. Es wurde 2005 abgerissen und durch das Schloßstraßen-Center ersetzt, das seine Tore am 29. März 2007 öffnete.

Karstadt hatte also sein heutiges Grundstück bereits 1927 von der Gärtnerei und Samenhandlung Metz & Co. gekauft. Zu dieser Zeit standen an der Straße mehrgeschossige Mietshäuser aus den Jahren 1906 und 1911. Auch Karstadt hoffte zunächst auf einen U-Bahnanschluss, führte jedoch – ebenso wie Wertheim – sein Vorhaben aus wirtschaftlichen und politischen Gründen nicht aus. Nach dem Krieg war Wohnraum knapp, ein Neubau hätte die Vernichtung intakter Wohnungen bedeutet. Erst 1963 durften die Häuser abgerissen werden; Karstadt eröffnete sein Warenhaus 1967. 2008 wurde es auf den

Zugunsten des Einkaufszentrums »Das Schloss« wurden die Gebäude rechts und links des Rathauses abgerissen, Aufnahme von 2004

Rohbauzustand zurückgeführt und am 2. April 2009 neu eröffnet. Zuvor hatte Woolworth 1963 an der Schloß-/Ecke Ahornstraße sein neues Haus errichtet, nachdem dort das viergeschossige Eckhaus aus dem Jahr 1906 wegen Kriegsschäden abgetragen worden war. Aber auch das Gebäude wurde 2008 zugunsten eines großen Geschäftshauses abgerissen, in dem am 30. September 2010 ein Sportgeschäft eröffnete. Schon seit 1931 hatte es ein Woolworth in der Schloßstraße gegeben: Heute ist dort der Eingang zum Einkaufszentrum »Das Schloss«. Für diese viergeschossige Shopping-Mall riss man 2004 die Wohn- und Geschäftshäuser beiderseits des Rathauses ab; damit verschwanden in der Grunewaldstraße auch die Stadtbibliothek von 1958 (heute im Neubau) und der Rathaus-Anbau von 1935. Am 16. März 2006 konnte das mit rund 200 Millionen Euro teuerste Bauprojekt in Steglitz nach dem Zweiten Weltkrieg eröffnet werden.

Typisch für die Schloßstraße sind die zahlreichen Konfektionsgeschäfte. Bereits 1929 eröffnete Peek & Cloppenburg in der Nr. 124/125 eine Filiale im Erdgeschoss eines viergeschossigen Mietshauses. Nach der völligen Zerstörung im Zweiten Weltkrieg begann 1949/50 der

»Das Schloss« während der Bauphase, Aufnahme von 2005

Wiederaufbau eines eingeschossigen Gebäudes, dem 1968 ein sechsgeschossiger Erweiterungsbau folgte. Auch dieses Gebäude wurde inzwischen schon wieder durch einen Neubau ersetzt.

Auf dem Nachbargrundstück eröffnete Leineweber 1951 anstelle eines zerstörten Wohnhauses aus dem Jahre 1907/08 seine Geschäftsräume. Als die Leineweber-Filialen zu Beginn der 1990er Jahre in »Anson's Herrenhaus« umgewandelt wurden, riss man das Haus 1994 wieder ab und ersetzte es durch einen größeren Neubau. Doch die Zeit ist schnelllebig: Anson's zog 2006 in »Das Schloss« und Peek & Cloppenburg erweiterte seine Geschäftsräume in das leer gewordene Nachbarhaus. C & A, ursprünglich (»Carl« und »Anton«) Brenninkmeyer, hatte 1956 ein Haus seitlich des ehemaligen Schildhornplatzes an der Einmündung zur gleichnamigen Straße eröffnet. Anstelle eines Flachbaues, in dem Neckermann untergebracht war, errichtete schließlich Ebbinghaus am Walther-Schreiber-Platz 1961/62 sein Domizil. Wegen wirtschaftlicher Schwierigkeiten schloss die Filiale am 31. Januar 2005. Heute befindet sich dort ein Ärztehaus mit Geschäften im Erdgeschoss.

Das Forum Steglitz

In den Jahren 1967/68 bis 1970 wurde das letzte freie Grundstück an der Schloßstraße mit dem Forum Steglitz bebaut. Es gehörte zuvor der Gärtnerei und Samenhandlung Metz & Co. Zeitweise fand hier, wie auch früher auf dem angrenzenden Grundstück des späteren Titania-Palastes, Jahrmarkt statt. Seit etwa 1905 bestand an dieser Stelle der Bornmarkt, so genannt wegen der angrenzenden Bornstraße. Der Entschluss zur Bebauung hing mit den hohen Grundstückspreisen zusammen, die die Pacht für die Markthändler verteuerte. Eine Kommanditgesellschaft unter Beteiligung des alten Eigentümers errichtete schließlich ein 250 Meter langes und 56 Meter breites Bauwerk. Das sechsgeschossige Forum Steglitz, von Georg Heinrichs, Fin Bartels und Christoph Schmidt-Ott entworfen, eröffnete am 23. April 1970. Im Gegensatz zu den Warenhäusern ist hier fast nur der Einzelhandel ansässig. Der Bornmarkt mit 50 Ständen kam im Erdgeschoss unter, ins Tiefgeschoss zog ein Supermarkt.

Dabei war der Geschäftsbeginn alles andere als vielversprechend. Zunächst überstiegen die Baukosten fast die finanziellen Möglichkeiten der Bauherren. Außerdem war das Interesse der potentiellen Mieter gering. Das Gericht musste 1975 und 1976 auf Antrag einer Gläubigerbank die Zwangsverwaltung anordnen. Eine Marktstudie bescheinigte dem Forum, keineswegs eine überbezirkliche Einrichtung zu sein. Vorrangig kam die Kundschaft aus den Bereichen Steglitz und Schöneberg/Friedenau, um hier gezielt einzukaufen. Eine Verdoppelung der Mieten brachte das Forum 1980 in Schwierigkeiten. Ein Drittel der Händler gab damals auf. Doch der Umsatz lag 1982 immerhin bei 240 Millionen DM. 2005 erfolgte eine umfassende Sanierung.

Nach dem Forum Steglitz entstand zwischen 1972 und 1976 der sogenannte »Bierpinsel« der Architekten Ralf Schüler und Ursulina Witte. Die 47 Meter hohe Stahlkonstruktion an der Joachim-Tiburtius-Brücke beherbergte in drei Geschossen Restaurants. In den letzten Jahren wechselten die Inhaber häufig; der Instandhaltungs- und Modernisierungsbedarf ist hoch. 2010 eröffnete hier ein Kunst-Café.

Schon 1994 war an der Schloßstraße 101 anstelle eines Flachbaus ein achtgeschossiges, gläsernes Einkaufszentrum, die »Galleria« der Architekten Quick und Bäckmann errichtet worden. Anders als bei den Kaufhäusern der Konzerne sind die Etagen der Galleria an Einzelanbie-

Bierpinsel, 2011

ter vermietet, was die Buntheit sowohl des Warenangebots als auch der Besucher ausmacht. Mit ihrem »dezentralisierten« Warenangebot schaffte die Galleria mehr als nur Zweckkaufen: Man kommt auch hierher, um zu flanieren und zu schauen – selbst wenn es nur der Blick aus dem »Fahrstuhl-Aquarium« auf die Stadt ist. Jedenfalls ist der Galleria gelungen, was das Forum nie geschafft hat: Eleganz und Stimmung miteinander zu koppeln.

Der Titania-Palast

Neben den vielen Geschäften und Restaurants ist der Titania-Palast von 1927/28 zweifellos eine besondere Attraktion der Schloßstraße. Nach dem Zweiten Weltkrieg gehörte das Haus zu den wenigen großen Sälen der Stadt, die fast unbeschädigt geblieben waren. Schon am 26. Mai 1945 fand in seinem Saal das erste Konzert der Berliner Philharmoniker unter Leo Borchards statt. Später dirigierte hier auch Wilhelm Furtwängler. Allerdings sagte man dem Haus eine schlechte Akustik nach.

Titania-Palast und Schloßstraße

In den folgenden Jahren diente der Titania-Palast den Amerikanern zur Truppenbetreuung und auch die Amerika-Gedenkbibliothek war hier zeitweise untergebracht. Am 4. Dezember 1948 wurde in seinen Hallen die Gründung der Freien Universität vollzogen. Bundeskanzler Adenauer, dessen erster Berlin-Besuch am 18. April 1950 endete, sorgte dann im Titania-Palast für einen schlitzohrigen Eklat. Nach einer Rede stimmte er zum Schluss die dritte Strophe des Deutschlandliedes an. Empört verließen daraufhin die Berliner Sozialdemokraten den Saal. Doch gilt seit diesem »offiziösen« Zeremoniell die dritte Strophe ganz »offiziell« als Nationalhymne der Bundesrepublik Deutschland.

Vom 6. bis zum 17. Juni 1951 war der Titania-Palast Eröffnungskino und eine der beiden Hauptspielstätten der ersten Berliner Filmfestspiele. Über 100.000 Besucher kamen dabei in den »Palast«. Im September 1953 war das Haus Veranstaltungsort der Berliner Festwochen, und am 17. Juli 1954 wurde hier sogar der »Steglitzer« Theodor Heuss zum Bundespräsidenten gewählt.

Das Gebäude wurde weiterhin für Aufführungen verschiedenster Art genutzt. Bereits 1949 schuf man durch den Einbau einer Hebebühne alle technischen Voraussetzungen für Opern- und Operettenaufführungen. Namhafte Künstler und Orchester gastierten im Haus. Marlene Dietrich gab hier am 3. und 4. Mai 1960 ihre von konservativen Steglitzern bekrittelten, von allen anderen bejubelten Konzerte.

Als nach und nach neue Bühnen wie Pilze aus dem Boden schossen, wurde es stiller um den Titania-Palast. Varieté-, Märchen- und Zaubervorstellungen sowie Filmvorführungen füllten den großen Saal (1964 immerhin 983 Parkettplätze) nicht mehr. Bald gab es nur noch Werbeveranstaltungen, Hausfrauennachmittage und Bunte Abende. Am 9. Januar 1966 senkte sich im Titania-Palast der Vorhang endgültig. Das Haus wurde an private Geschäftsleute verkauft, die es im Inneren völlig umbauten. Zwei Zwischendecken wurden eingezogen, um diverse Läden unterbringen zu können. Außerdem nutzte eine Tanzschule das Haus. Das Schlosspark- und Schiller-Theater mieteten zwei Probebühnen. Die Fassade wurde durch Leuchtreklame und Metallverkleidungen teilweise verdeckt.

Die Renaissance der Kinokultur seit Beginn der 1990er Jahre führte am 24. Mai 1995 zur Wiedereröffnung des Titania-Palastes als Kino, das seit 1984 unter Denkmalschutz steht. Durch einen 5,5 Millionen DM teuren Umbau wurde der große Saal in fünf kleinere Kinos unterteilt, die zusammen tausend Sitzplätze haben. Der Titania-Palast hat seinen einstigen Ruhm nicht wieder erlangt, eine Legende wird er jedoch immer bleiben.

Der Steglitzer Kreisel

Bis Mitte der 1960er Jahre gab es für das Gelände zwischen Autobahn, Schloß- und Albrechtstraße keine konkreten Bebauungspläne. Mal war eine Parkanlage im Gespräch, dann wieder eine städtebauliche Dominante wie etwa das Europa-Center. Fest stand nur, dass es hier zumindest zwei U-Bahnhöfe und einen Busbahnhof geben sollte. Verkehrsknotenpunkt des Südens hieß das Zauberwort. Die notwendigen Verhandlungen mit den Grundstückseigentümern scheiterten jedoch an deren hohen finanziellen Forderungen. 1967 sickerte durch, dass die Berliner Architektin Sigrid Kressmann-Zschach eine Option für die Grundstücke erworben hatte. Sie schlug den Bau eines 30-geschossigen Hochhauses für Büroräume und eines viergeschossigen Flachtraktes für Geschäftsräume vor. Im Erdgeschoss sollten der Busbahnhof, im

Das Rathaus Steglitz, im Vordergrund die Baustelle des Kreisels, 1971

Tiefgeschoss die beiden U-Bahnhöfe untergebracht werden, ein 14-geschossiges Parkhaus mit 1.300 Einstellplätzen gehörte auch dazu.

Jetzt konnte es nicht schnell genug gehen. Grundstücke wurden angekauft und abgeräumt. Zwar verschwand damit ein Schandfleck im Steglitzer Zentrum, zugleich aber auch der letzte Rest des alten Dorfes. Täglich fuhren 150 bis 180 Lastzüge den Sand weg. Eine Baugrube, 250 Meter lang, 100 Meter breit und 17 Meter tief, entstand. Das Grundwasser musste über etwa 20 Brunnen abgepumpt werden. Es lief wie »jeschmiert« – im wahrsten Sinne des Wortes, wie sich später herausstellte. Ermittlungen der Staatsanwaltschaft und eines parlamentarischen Untersuchungsausschusses verliefen ergebnislos.

1972 konnte Richtfest gefeiert werden, doch bereits ein Jahr später begann der Kreisel zu kreiseln, als man feststellte, dass sich die Gewerberäume schwer vermieten ließen. Die Baukosten stiegen innerhalb von vier Jahren von ursprünglich 181,5 Millionen auf 320 Millionen DM Ende 1973. Die zuständige Baugesellschaft, die Avalon GmbH & Co. KG ging schließlich 1974 in Konkurs. Das bedeutete, dass dem Land Berlin rund 40, den Banken 74 und den Kommanditisten 80 Millionen

DM verloren gingen. Und das waren damals mitnichten »peanuts«. Der halbfertige Bau wurde konserviert, nur ein U-Bahnhof und der Busbahnhof wurden 1974/75 auf Kosten des Senats fertiggestellt. Zwei Versteigerungstermine 1975 und 1976 führten zu keinem Gebot, bis im Sommer 1976 die Gesellschaft Becker & Kries dem Senat vorschlug, den Kreisel zu übernehmen. Das 119 Meter hohe Gebäude sollte dann an das Bezirksamt vermietet werden, durchaus sinnvoll, da die Bezirksverwaltung auf drei Rathäuser und zwölf weitere Stellen verteilt war. Im Hochhaus standen immerhin mehr als 700 Räume zur Verfügung. Für den Flachtrakt wollte man sich um Geschäftsleute bemühen.

Der Senat stimmte zu, und so erwarb Becker & Kries 1977 den gesamten Komplex für 32,6 Millionen DM, gut zehn Prozent der letzten Gesamtkostenrechnung. Die Immobiliengesellschaft investierte noch einmal 95 Millionen DM in den Umbau, und der Senat schoss 12,7 Millionen DM zu. Nach diversen Abriss- und Umbauarbeiten öffnete der Kreisel am 27. Februar 1980. Wie vorgesehen, bezog das Bezirksamt das Hochhaus und bezahlte jährlich dafür eine Miete von 9,1 Millionen DM. Eigentümer des Komplexes war die Deutsche Immobilien Investitions-AG, eine Tochterfirma von Becker & Kries. An der Albrechtstraße 2 im Kreisel-Fachtrakt wurde das »tourotel« eröffnet, dessen Name sich 1983 in »Hotel Steglitz International« änderte und das heute »Best Western Premier Hotel Steglitz International« heißt.

Der Kauf des Kreisels durch das Bezirksamt für etwa 70 bis 80 Millionen DM, der nach zehn Jahren der Vermietung vorgesehen war, wurde zunächst zurückgestellt, nachdem drei Gutachten im Dezember 1987 erhebliche bauliche Mängel auflisteten, unter anderem ein undichtes Dach, fehlerhaft isolierte Fenster, defekte Brandschutzeinrichtungen, schlecht isolierte Hochspannungsleitungen, nicht feuerfest verkleidete gebäudestützende Stahlträger und eine defekte Klimaanlage. Später kam der Kauf allerdings doch noch zustande – ein Fehler. Wegen Asbestbelastung wurde das Hochhaus 2007 geräumt. Nach der Sanierung baut die CG-Gruppe (Christoph Gröner) von 2017 bis 2020 gut 300 Wohnungen unterschiedlicher Größe in das entkernte Gebäude ein. Jedes Apartment soll einen Balkon oder eine Loggia erhalten.

Gleichzeitig mit dem Bau des Kreisels erfolgte eine grundlegende Umgestaltung des Hermann-Ehlers-Platzes, der 1950 zu einem öden Parkplatz verkommen war. Dabei wurde die Fahrbahn entlang der älteren Wohnhäuser (gegenüber dem Hotel im Kreisel-Flachtrakt), wo

Der Kreisel in den 1970er Jahren

auch die Straßenbahn fuhr, geschlossen. Vom Kreiselbau zog sich eine stählerne, überdachte Fußgängerbrücke, die, nie in Betrieb, später wieder abgerissen wurde. Sie sollte den Zugang zu einem runden Café auf dem Platz bilden. Schon 1975 gestaltete man den Platz erneut um. Es entstanden sogenannte Lichtkunstwände und ein Kaskaden-Wasserbecken. Als die Becken voller Unrat und die Wände beschmiert waren, wurde der Platz zur 750-Jahrfeier Berlins 1987 erneut umgebaut, diesmal ließ man sich einen Brunnen mit Pflanzbecken und Hecken einfallen. Die Einmündung der Düppelstraße wurde parallel zur Autobahn hin angelegt. Zwischen der alten Einmündung und der Autobahn standen kleine, einstöckige Geschäfte, die abgerissen wurden. Bei diesem Umbau kam immerhin ein Denkmal heraus, das in würdiger und beeindruckender Form der jüngsten deutschen Geschichte gedenkt: die Spiegelwand. Auf ihr stehen die Namen und Adressen deportierter Berliner Juden. Da sich der Betrachter beim Lesen der Namen selbst sieht, wirken Vergangenheit und Gegenwart aufgehoben, wird das Gesicht des Betrachters direkt mit den verzeichneten Namen konfrontiert und zu einer Haltung gezwungen.

Die Spiegelwand

Nach dem Zweiten Weltkrieg nahm der Autoverkehr stark zu. Mitte der 1950er Jahre passierten bereits 20.000 Kraftfahrzeuge täglich (zwölf Stunden) in beiden Richtungen die Schloßstraße. (Zum Vergleich: Vor Eröffnung der Westtangente 1966 waren es im gleichen Zeitraum 27.000 Kraftfahrzeuge, nach Eröffnung der Westtangente 23.000 Kraftfahrzeuge). So hatte die Schloßstraße schon zu Beginn der Motorisierungswelle ein sehr hohes Verkehrsaufkommen. Offiziell hieß es, die Straßenbahn behindere den Autoverkehr (nicht umgekehrt) und so fiel 1954 beinahe zwangsläufig der Entschluss, die Straßenbahn nach und nach stillzulegen. Dafür sollte das U-Bahnnetz erweitert werden. 1963 nahm man die Straßenbahn aus der Schloßstraße heraus und ersetzte sie zunächst durch Buslinien. Inzwischen war am 2. März 1965 mit dem Bau der U-Bahnlinie 9 (früher Linie G) begonnen worden. Am 1. Dezember 1971 fuhr die Linie 9 bereits bis zum Walther-Schreiber-Platz; ohne Stilllegung des fließenden Verkehrs wurde die Linie am 30. September 1974 über den U-Bahnhof Schloßstraße bis zum vorläufigen Endbahnhof Rathaus Steglitz unter dem Steglitzer Kreisel verlängert. Der U-Bahntunnel unter der Schloß-

Dieses Wohnhaus im oberen Bild an der Schildhornstraße (1962) musste dem Bau der Joachim-Tiburtius-Brücke weichen. Unten der gleiche Blickwinkel 1988

straße ist zweigeschossig. Hier soll einmal die Linie 10 verkehren, die vom Potsdamer Platz über den Straßenzug Potsdamer Straße–Hauptstraße–Rheinstraße–Schloßstraße–Hindenburgdamm nach Lichterfelde bis zur Wiesenbaude (Drake-/Königsberger Straße) geplant ist. Diese Planung dürfte allerdings auf absehbare Zeit kaum eine Chance auf Realisierung haben. Auch mit einer Verlängerung der U-Bahnlinie 9 nach Lankwitz ist vorläufig nicht zu rechnen.

Die Schwartzsche Villa

Die zwischen 1895 und 1897 errichtete Schwartzsche Villa an der Ecke zur Grunewaldstraße wurde 1908 umgebaut und erweitert. Carl Schwartz starb 1915 und wurde – wie andere Mitglieder der Familie – auf dem Grundstück beigesetzt. Erst 1953 erfolgte die Umbettung auf den Friedhof Bergstraße. Nach Kriegsende befand sich bis 1949 ein Restaurationsbetrieb in dem Gebäude, dann machte sich ein Weihnachtsmarkt auf dem Villengrundstück breit. Anfang der 1950er Jahre gab es Pläne, dort eine rund 6.000 Quadratmeter große Kongresshalle und einen Saal für 150 Personen zu errichten. Es blieb bei Plänen.

Die Villa selbst stand zwischen 1949 und 1954 leer. 1954 bis 1956 wurde in ihr die Informationsschau »Rationelles Schaffen« gezeigt. Selbst wenn jemanden die Ironie des Mottos in Bezug auf den Ausstellungsort aufgefallen wäre – es tat sich nichts. Die Villa stand danach wieder leer und verfiel. Nur das Schlosspark-Theater hatte ein Einsehen und nutzte den Bau als Kulissendepot. Am 28. Dezember 1961 kaufte das Land Berlin die 700 Quadratmeter große Villa – um sie abzureißen. Geplant war auf der freien Baufläche ein Haus für Erwachsenenbildung, dann ein Hallenbad, dann ein Erweiterungsbau für das Rathaus. Als das Bezirksamt in den Kreisel zog, war ein Erweiterungsbau überflüssig geworden. Noch 1982 setzte sich die SPD vehement für den Abriss der Villa ein, doch ein Jahr später stellte der Landeskonservator das Haus überraschend unter Denkmalschutz. In den folgenden Jahren redete man übermäßig viel und tat entsprechend wenig. Endlosen Diskussionen folgten zahlreiche Ideen hinsichtlich der Nutzung und Finanzierung.

Ende der 1980er Jahre erklärte sich das Land Berlin bereit, das Haus für gut fünf Millionen Euro wieder instand zu setzen. Voraussetzung dafür war, dass dem Senat keine Folgekosten entstünden. Der Finanzsenator forderte deshalb 1988 ein finanziell tragbares Konzept, das die

Die Schwartzsche Villa, 1956

Die Schwartzsche Villa, 2011

Bebauung der Brandmauer des angrenzenden Hauses Schloßstraße 41 vorsah. Die Architekten Assmann, Salomon und Scheidt entwarfen einen nur wenige Meter breiten Giebelanbau, der 1991/92 entstand. In dem neuen Gebäude mit der Glasfassade wurden Läden, Restaurants sowie Büro- und Verwaltungsräume eingerichtet. Nach der Renovierung 1995 wieder eröffnet, finden nun in der Schwartzschen Villa Ausstellungen und Lesungen statt. Der die Villa umgebende Park hat zum Teil einen sehr alten Baumbestand. Deshalb sind in den 1960er Jahren 39 Einzelbäume unter Naturschutz gestellt worden. Zur 750-Jahrfeier Berlins wollte der Senat das alte Gutshaus – das Wrangelschlösschen – restaurieren. Es fehlte allerdings an den notwendigen finanziellen Mitteln. So war es ein Glücksfall, dass die Dresdner Bank und ihre Berliner Tochtergesellschaft Bank für Handel und Industrie sechs Millionen DM für die Restaurierung bereitstellten. Die Architekten Christina und Knud P. Petersen, die die zweijährigen Arbeiten übernahmen, stützten sich bei der Restaurierung auf die Entwürfe des Baumeisters David Gilly von 1801 und auf die Pläne Heinrich Gentz', der das Gutshaus bereits 1804 umgebaut hatte. Von dieser ursprünglichen Architektur war so gut wie nichts mehr erhalten geblieben. Bei nachfolgenden Umbauten sind Wände eingezogen und andere dafür herausgerissen, große Räume in bis zu vier kleine Kämmerchen unterteilt, Toiletten ein- und ausgebaut und die kunstvollen Ornamente und Malereien einfach überstrichen worden. Im Treppenhaus mussten 18 Farbschichten entfernt werden, um die ursprüngliche Bemalung freizulegen. Ein ganzes Nebentreppenhaus war jahrzehntelang unter Zwischenböden und hinter Wänden verschwunden gewesen. Die Architekten haben das Gutshaus radikal von allen späteren Anbauten befreit und bis auf einige Ausnahmen – so blieb etwa das Jugendstilgeländer des Treppenhauses erhalten – auf den Stand von 1804 zurückgeführt.

Das »kulturelle Ensemble« in der historischen Mitte von Steglitz ist nicht nur ein wohltuender Kontrast zu der nach wie vor erdrückenden Architektur des Kreisels – durch die nach dem Mauerfall von 1989 und der Wiedervereinigung 1990 erneuerte Attraktivität des einstigen »teltowschen Dorfes« gewinnt dieses Areal in der Tat symbolische Bedeutung für eine urban geprägte Kultur liberaler Denkungsart. Neben dem wilhelminischen Rathaus, dem klotzigen Kreisel, der geschäftigen Schloßstraße scheint dieser Ort in aller Gelassenheit seiner Geschichtsträchtigkeit sagen zu wollen: Auch das macht Steglitz aus.

EINE NEUE ZEIT

Mit dem Fall der Mauer am 9. November 1989 und der Wiedervereinigung ist Steglitz wieder das geworden, was es bis 1945 schon einmal war – ein Außenbezirk der deutschen Hauptstadt mit vitalen Verbindungen zum Umland.

Ein Augenzeugenbericht vom 14. November 1989 am Ostpreußendamm: »Es ist ein kalter, grauer, nebliger Novembermorgen. Hunderte Steglitzer haben die ganze Nacht auf der Westberliner Seite ausgeharrt und die letzten Vorbereitungen zum Mauerdurchbruch auf DDR-Gebiet verfolgt. Im Westen hämmern unermüdlich ›Mauerspechte‹ im Halbdunkel. Eine endlose Reihe brennender Kerzen entlang des Straßenrandes taucht die Szene in schemenhaftes Licht. Im ehemaligen Todesstreifen wird bei gleißendem Armee-Scheinwerferlicht fieberhaft gearbeitet. Der frisch gegossene Asphalt dampft noch ...« Um 7.58 Uhr wurde der Übergang eröffnet. An der Grenze trafen sich die Bürgermeister von Steglitz und Teltow. Dann rollte der Pkw- und Fußgängerverkehr in beide Richtungen. Es mag pathetisch klingen, aber jeder, der dabei war und dieses Gefühl miterlebt hat, ist sich dessen bewusst: Eine neue Zeit hatte begonnen ...

Die Grenze hat über Nacht ihren Schrecken verloren. Bis vor Kurzem haben hier noch Schilder mit der Aufschrift gehangen: »Achtung, Grenzgebiet! Betreten und befahren verboten!« Biegt man nach der Grenze gleich in die erste Straße rechts, kommt man in die Paul-Gerhardt-Straße. Die Grundstücke auf der rechten Seite endeten direkt an der Mauer. Davor, auf dem Bürgersteig, standen zwei Reihen Panzersperren. An der Grenze waren immer noch Menschen dabei, den Stacheldrahtzaun von der Oberkante der Mauer mit Zangen abzukneifen und stückchenweise als Souvenir zu verteilen. Dicht daneben standen die Grenztruppen der DDR und sahen tatenlos zu. Gleich daneben boten zwei junge DDR-Bürger Tee oder Grog an. Überall Willkommens-Transparente und glückliche Menschen. Der Grenzsoldat oben im Wachturm lächelte und winkte. Es herrschte Volksfeststimmung!

Konfettiparade auf der Schloßstraße zum Abzug der US-Army 1994

Die Deutsche Einheit 1990 hatte den Abzug der Alliierten vier Jahre später zur Folge. Große militärische Areale mussten ziviler Nutzung zugeführt werden. An der Goerzallee entstanden große Verbrauchermärkte, das Bundesarchiv nutzt seit 1995 Teile der Hauptkadettenanstalt. Steglitz, bis 1920 zum Kreis Teltow gehörend, hat sein altes Hinterland wiedergewonnen. Und die Bewohner des jetzigen Speckgürtels haben ihren alten Zugang zu Berlin wieder, der nicht nur ein geografischer, sondern auch ein geistiger ist.

ANHANG

Quellenverzeichnis

Adressbücher (verschiedene Ausgaben)

Amtsblatt für Berlin, 45 Jg., Nr. 45. Öffentliches Verzeichnis der Denkmale in Berlin. Ausgegeben zu Berlin am 28. September 1995

Arbeitskreis Historisches Lankwitz, diverse Schriften

Ascher, Hans-Joachim: Mosaiksteine aus Steglitz, Lichterfelde, Lankwitz. Berlin 1979

Bauakten (Landesarchiv und Bezirksamt Steglitz)

Berlin Steglitz. Stadtführer von Karl Baedeker. Freiburg 1980

Berning, Maria, Michael Braum und Engelbert Lütke-Daldrup: Berliner Wohnquartiere. Ein Führer durch 40 Siedlungen. Berlin 1990

Betrifft: Unser Steglitz (Zeitschrift), diverse Artikel

Bezirksamt Steglitz von Berlin (Hrsg.): Steglitz das größe Dorf Preußens. Von Giesensdorf zu Groß-Lichterfelde. Gartenstadt Lankwitz. Katalog der Ortsteilausstellungen des Bezirks Steglitz zur 750-Jahrfeier Berlins 1987. Berlin 1987

Berliner Biographisches Lexikon: (Hrsg. v. Bodo Rollka, Volker Spiess, Bernhard Thieme). Berlin 1993

Bürgerinitiative Kadettenweg 64/Material

Der Südender (Zeitung), diverse Artikel

Friedel, Ernst: Vorgeschichtliche Funde aus Berlin und Umgebung. Berlin 1880

Gemeindebrief der Johannis-Gemeinde, Ausgaben 1984/85

Gevelmann, Rolf: Steglitzer und Amerikaner Hand in Hand. Berlin 1994

Godefroid, Annette u.a.: Steglitz. Geschichte der Berliner Verwaltungsbezirke. Berlin 1989

Holmsten, Georg und Barbara Schneider: Steglitz. Ein Bezirk von Berlin. Berlin 1983

Initative Haus Wolfenstein (Hrsg.): Von Juden in Steglitz. Berlin 1990

John, Peter: Steglitz. Wegweiser zu Berlins Straßennamen. Berlin 1993

Lange, Annemarie: Das Wilhelminische Berlin. Berlin 1984

Lehmann, Herbert: Das Bäketal. Verwaltungsbezirk Berlin-Steglitz in vorgeschichtlicher Zeit. Berlin 1953

Lehnert, Uta: Den Toten eine Stimme. Der Parkfriedhof in Lichterfelde. Berlin 1996

Müller, Adriaan von: Die jungbronzezeitliche Siedlung von Berlin-Lichterfelde. Berlin 1964

Muhs, Ulrich: Aus der Vergangenheit von Giesensdorf und Lichterfelde. Groß-Lichterfelde 1904

ds.: Lichterfelde einst und jetzt. Berlin 1919

Posener, Julius: Vorortgründungen. In: Arch.+, 1975, S. 1–10

ds.: 7. Berlin Gründungen der Gartenvororte. In: Arch.+ , 1982

Praxis Geographie, 2/91

Rach, Hans-Jürgen: Die Dörfer in Berlin. Berlin 1988

Reinhold, Erika: Lichterfelde. Vom Dorf zum Vorort von Groß-Berlin. Berlin 1987
Rogier, Francesca: Die Figur Carstenn. Der Pioniergeist und die Vision der Gründerzeit. In: Die Figur Carstenn. Stadtgründer aus Leidenschaft. Katalog zur Ausstellung in der Schwartzschen Villa. Berlin 1996, S. 5 ff
Sandvoß, Hans-Rainer: Widerstand in Steglitz und Zehlendorf. Berlin 1986
Schwipps, Werner: Lilienthal. Berlin 1979
Seeger, Olaf und Burkhard Zimmermann: Steglitzer Geschichte(n). Berlin 1995
Simon, Christian: Steglitz Eine Untersuchung seiner Entwicklung vom märkischen Bauerndorf zum großstädtischen Sekundärzentrum. Unveröff. Manuskript 1988
ds.: Ausländische Einrichtungen in Berlin Standorte, Funktion und innerstädtische Verflechtung. Berlin 1991
ds.: 90 Jahre Kleingartenverein Schutzverband. 1904–1994. Berlin 1994
ds.: Lexikon Steglitz-Zehlendorf. Geschichte – Gebäude – Geographie. Berlin 2004
ds., Wolfgang Holtz, Udo Wiesmann: Südende. Häuser, Straßen Menschen. Berlin 2009
ds., Wolfgang Holtz: Gräber und gelebtes Leben. Berlin 2010
Standpunkte zur Politik aus Lichterfelde. Zeitschrift der SPD Lichterfelde. Heft 2, September 1996
Steglitzer Heimat. Mitteilungsblatt des Heimatvereins Steglitz, diverse Artikel
Steglitzer Lokal-Anzeiger, diverse Artikel
Tageszeitungen, diverse Artikel (Der Tagesspiegel, Berliner Morgenpost, Volksblatt Berlin)
Titania Filmpalast. Broschüre 1995
Wippermann, Wolfgang: Steinerne Zeugen. Stätten der Judenverfolgung in Berlin. Berlin 1982
Woll, Stefan: Berliner Wassertürme. Berlin 1986
Zech, Günter: Bauten in Steglitz. Unveröffentlichtes Manuskript. Berlin 1985
Zinke, Regine: Steglitz bei Berlin. Dorfleben im Spiegel des Kirchenbuches 1605–1810. Berlin 1995

Bildquellennachweis

Arbeitskreis Historisches Lankwitz: S. 11, 43 (u.), 81, 101
Archiv des Autors: S. 6, 13, 27, 30, 32, 47, 69, 73 (u.), 97, 117 (u.), 119, 124, 126, 127, 131, 133, 137, 140, 141, 145, 146, 147 (o.), 149, 150, 159 (o.), 161 (o.)
Archiv Uwe Friedrich: S. 55, 83, 108, 153
Archiv des Verlags: S. 44, 53, 152, 161 (u.)
Erster Verwaltungsbericht der Landgemeinde Steglitz 1911: S. 40, 94, 96, 99
Fotosammlung Geographisches Institut der FU: S. 39, 63, 147 (u.), 159 (u.)
Heimatverein Steglitz: S. 15, 18, 19, 23, 35, 37, 48, 61, 65, 71, 73 (o.), 75, 77, 79, 80, 85, 89, 91, 92, 103, 121, 164
Johann-Sebastian-Bach-Gemeinde: S. 135
Landesarchiv Berlin: S. 21, 41, 50, 52, 117 (o.), 148, 155, 158
Sammlung Wolfgang Holtz: S. 34, 59, 87, 105, 111, 113, 128
Sammlung Gensicke: S. 43 (o.), 45
ullstein bild: S. 143, 157
Alle anderen Abbildungen Archiv des Autors. Sollten trotz sorgfältiger Nachforschungen nicht alle Rechteinhaber korrekt ermittelt worden sein, so bitten wir um Mitteilung an den Autor oder den Verlag.

Der Autor

Christian Simon, geboren 1960 in Berlin, studierte Geographie, Politologie und Grundschulpädagogik an der Freien Universität Berlin. Promotion mit einem Berlin-Thema an der Technischen Universität Berlin, tätig als Stadtführer sowie Autor und Verleger von Berlin-Literatur. Christian Simon wohnt seit 1966 in Berlin-Steglitz.